KB131674

사물의 소멸

사물의 소멸

우리는 오늘 어떤 세계에 살고 있나

한병철

전대호 옮김

김영사

사물의 소멸

우리는 오늘 어떤 세계에 살고 있나

1판 1쇄 발행 2022. 9. 5.
1판 3쇄 발행 2022. 11. 26.

지은이 한병철
옮긴이 전대호

발행인 고세규
편집 강영특   디자인 홍세연   마케팅 백미숙   홍보 장예림
발행처 김영사
등록 1979년 5월 17일 (제406-2003-036호)
주소 경기도 파주시 문발로 197(문발동) 우편번호 10881
전화 마케팅부 031)955-3100, 편집부 031)955-3200   팩스 031)955-3111

값은 뒤표지에 있습니다.
ISBN 978-89-349-4368-6 03100

홈페이지 www.gimmyoung.com   블로그 blog.naver.com/gybook
인스타그램 instagram.com/gimmyoung   이메일 bestbook@gimmyoung.com

좋은 독자가 좋은 책을 만듭니다.
김영사는 독자 여러분의 의견에 항상 귀 기울이고 있습니다.

차례

일러두기

- 원문의 이탤릭은 고딕으로, '»«'는 큰따옴표로 표기했다.
- 《사물의 소멸》독일어판과 스페인어판이 출간된 후 있었던 저자 인 터뷰를 부록으로 수록했다. 수록 지면과 일자는 다음과 같다. 〈엘 파이스〉 2021년 10월 10일 업데이트(SERGIO C. FANJUL / EL PAIS), 〈아트리뷰〉 2021년 12월 2일 업데이트(GESINE BORCHERDT / ART REVIEW).

서문

소설《은밀한 결정結晶》에서 일본 작가 오가와 요코는 이름 없는 섬에서 벌어지는 일을 서술한다. 기이한 사건들이 섬 주민을 불안하게 한다. 설명할 수 없는 방식으로 사물들이 사라진다. 그것도 되찾을 길 없이. 좋은 향기를 내는 사물들, 반짝이는, 가물거리는 묘한 사물. 머리띠, 모자, 향수, 작은 종, 에메랄드, 우표, 또 장미와 새. 이 모든 사물이 어떤 좋은 점을 가졌었는지 사람들은 이제 더는 모른다. 사물과 함께 기억도 사라진다.

오가와 요코는 소설에서 어느 전체주의 체제를 묘사하는데, 그 체제는 오웰의 사상 경찰과 유사한 기억 경찰의 도움으로 사물과 기억을 사회에서 추방한다. 사람들은 망각과 상실이 지배하는 영원한 겨울을 살아간다. 은

밀히 기억을 되짚는 사람은 체포된다. 위험에 처한 사물들을 비밀스런 서랍장에 넣어 사라지지 않게 보호하는, 여주인공의 어머니도 기억 경찰에게 핍박을 받고 죽임을 당한다.

《은밀한 결정》은 우리의 현재를 연상시키는 작품이다. 오늘도 계속해서 사물들이 사라진다. 우리가 제대로 알아채지 못하는 사이에. 사물 인플레이션은 정반대가 사실인 양 우리를 속인다. 오가와 요코의 디스토피아와 달리, 우리는 사상 경찰을 거느리고 사람들에게서 사물과 기억을 야만적으로 빼앗는 전체주의 체제 안에서 살지 않는다. 사물들을 사라지게 만드는 것은 오히려 우리의 소통 도취陶醉와 정보 도취다. 정보 곧 반사물反事物, Unding이 사물의 앞을 가로막고 사물을 완전히 빛바래게 한다. 우리는 폭력의 지배가 아니라 정보의 지배 아래 산다. 정보의 지배는 자유로 가장된다.

오가와의 디스토피아에서 세계는 점진적으로 비어가고 결국 사라진다. 사라짐이, 소멸의 진행이 모든 것을 장악한다. 몸의 부분들도 사라진다. 결국 몸 없는 목소리들만 남아 부질없이 공중을 떠돈다. 사물과 기억이 사라진 이름 없는 섬은 여러모로 우리의 현재를 닮았다. 오늘날 세계는 비워지며 정보에게 자리를 내준다. 정보는 저 몸

없는 목소리들과 마찬가지로 유령 같다. 디지털화는 세계를 탈사물화하고 탈신체화한다. 또한 기억을 없앤다. 기억을 되짚는 대신에 우리는 엄청난 데이터를 저장한다. 요컨대 디지털 매체들이 기억 경찰을 대체한다. 디지털 매체들은 전혀 폭력 없이, 또 큰 비용 없이 임무를 완수한다.

오가와의 디스토피아와 달리 우리의 정보사회는 그리 단조롭지 않다. 정보는 사건Ereignis인 척한다. 정보는 **놀라운 일이 주는 흥분**Reiz der Uberraschung을 먹고 산다. 그러나 흥분은 오래가지 않는다. 금세 새로운 흥분을 향한 욕구가 생긴다. 우리는 흥분을, 놀람을 목적으로 실재를 지각하는 것에 익숙해진다. 정보 사냥꾼으로서 우리는 **고요하고 수수한** 사물들을, 곧 **평범한** 것들, **부수적인** 것들, 혹은 **통상적인** 것들을 못 보게 된다. 자극성이 없지만 우리를 **존재**에 **정박하는** 것들을.

사물에서 반사물로

땅의 질서는, 지속하는 형태를 띠고 삶을 위한 안정적 환경을 형성하는 사물들로 이루어졌다. 그 사물들은 한나 아렌트가 말한 "세계사물Weltdinge"이다. 세계사물에게 부여된 과제는 "인간의 삶을 안정화"하는 것이다.[1] 세계사물들은 인간의 삶에 멈춤을 준다. 오늘날 땅의 질서는 디지털 질서에 의해 제거되고 있다. 디지털 질서는 세계를 **정보화**함으로써 **탈사물화**한다. 벌써 몇십 년 전에 미디어 이론가 빌렘 플루서는 이렇게 지적했다. "지금 반사물들이 모든 방향에서 우리의 환경에 침투하고 있다. 반사물들은 사물들을 몰아낸다. 사람들은 이 반사물을 정보라고 부른다."[2] 우리가 사는 현재는 사물의 시대에서 반사물의 시대로 넘어가는 이행기다. 사물이 아니라 정보가 생활세계를 규정한다. 우리는 이제 땅과 하늘에 거주하는 것이 아니라 구글 어스와 구글 클라우드에 거주한다. 세계는 완연히 더 이해할 수 없고, 더 구름으로 자욱하고, 더 유령 같게 된다. 어떤 것도 **손에 잡히게 또 사물처럼 확고하지**hand- und dingfest 않다.

사물은 인간의 삶에 연속성을 제공하는 한에서 삶을 안정화한다. 그 연속성은 "같은 의자와 같은 탁자가 매일 변화하는 사람 앞에 같게 머무르는 친숙함을 띠고 놓여 있다는 것에서 나온다."[3] 사물들은 삶의 안식처들이다. 정보 곁에 하염없이 머물기는 불가능하다. 정보가 현재성Aktualität을 띠는 기간은 아주 짧다. 정보는 놀람을 먹고 산다. 정보의 덧없음이 벌써 삶을 불안정화한다. 오늘날 정보는 끊임없이 우리의 주의注意를 요구한다. 정보의 쓰나미는 인지 시스템 자체를 동요하게 한다. 정보들은 안정적인 통일체가 아니다. 정보들에는 존재의 군건함이 없다. 니클라스 루만은 정보의 특징을 이렇게 표현한다. "정보의 우주론은 존재의 우주론이 아니라 우연Kontingenz의 우주론이다."[4]

오늘날 사물은 점점 더 주의의 배경으로 물러난다.[5] 사물의 폭증을 가져오는 현재의 극심한 사물 인플레이션이 시사하는 바는 다름 아니라 사물에 대한 무관심의 증가다. 우리의 강박은 이제 사물이 아니라 정보와 데이터를 향한다. 어느새 우리는 사물보다 정보를 더 많이 생산하고 소비한다. 우리는 소통에 제대로 도취한다. 리비도 에너지는 사물에 등을 돌리고 반사물에 깃든다. 그 결과는 **정보 광증**情報 狂症, Infomanie이다. 어느새 우리는 모두 **정보광**이 되었다. 사물 페티시즘은 필시 지나가버렸다. 우리는 정보 및 데이터 페티시스트가 되어간다. 어느새 동성애자, 이성애자처럼, "데이터성애자datasexual"라는 용어까지 등장했다.

산업혁명은 사물권事物圈을 굳건히 다지고 확장한다. 그리고 우리를 자연과 수작업에서 멀어지게 한다. 디지털화가 비로소 사물 패러다임을 끝장낸다. 디지털화는 사물을 정보에 종속시킨다. 하드웨어는 소프트웨어의 비굴한 깔개다. 정보 앞에서 하드웨어는 부차적이다. 하드웨어는 소형화하면서 점점 더 쪼그라든다. 사물 인터넷은 사물을 정보 터미널로 만든다. 3D 프린터는 사물이 **존재**의 차원에서 지닌 가치를 없앤다. 사물은 정보에서 파생된 물질적인 것으로 격하된다. 정보가 사물에 속속들이 침투하면 사물은 어떻게 될까? 세계의 정보화는 사물을 **정보기계**Infomat로, 곧 정보 처리 **행위자**로 만든다. 미래의 자동차는 권력과 소유의 환상이 결부된 사물이 아닐 것이다. 오히려 움직이는 "정보 분배 센터", 곧 우리와 소통하는 **정보기계**일 것이다. "자동차가 당신에게 말한다. 자동차 자신의 일반적인 상태를 '자발적으로' 알려준다. 더 나아가 당신의 일반적인 상태도 알려준다(당신의 상태가 좋지 않을 경우, 어쩌면 자동차는 작동하기를 거부할 것이다). 자동차가 조언을 건네고 결정을 내린다. 자동차는 어떻게 살 것인가를 놓고 당신과 의논하는 파트너다. […]"**⁶**

하이데거가 《존재와 시간》에서 펼친 현존재 분석은 세계의 정보화를 고려하여 개정될 필요가 있다. 하이데거가 말하는 "세계 안에 있음"은 "**손** 앞에 있거나vorhanden" "**손** 안에 있는zuhanden" 사물들을 "다루면서hantieren" 그것들과 "사귀기Umgang"로서 실현된다. 손은 하이데거의 현존재 분석에서 핵심적인 역할을 한다. 하이데거의 "현존재Dasein"(인간을 가리키는 존재론적 용어)는 손을 놀려 자신의 환경을 개척한다. 그의 세계는 사물권이다. 반면에 우리는 오늘날 정보권 안에서 산다. 우리는 수동적으로 앞에 놓인 사물을 **다루지** 않고, 정보기계와 **소통하고 상호작용한다.** 정보기계는 행위자로서 스스로 행위하고 반응한다. 이제 인간은 "현존재"가 아니라 소통하고 정보를 교환하는 "인포그Inforg"('정보information'와 '사이보그cyborg'를 합성한 신조어—옮긴이)다.**⁷**

스마트홈smart home 안에서 우리는 정보기계들의 보살핌Umsorgen을 받는다. 그들은 우리를 위해 모든 것을 조달한다Besorgen. 스마트홈의 거주자는 **염려**Sorge가 전혀 **없다**. 디지털 질서의 목적은 필시 염려의 극복이다. 하이데거는 염려를 인간 실존의 본질적 특징으로 보는데 말이다. **현존재는 염려다.** 오늘날 인공지능은 삶의 최적화를 도모하고 염려의 원천으로서의 미래를 없앰으로써, 바꿔 말해 **미래의 우연성**을 극복함으로써 인간의 실존을 완전히 탈염려화(폐기)ent-sorgen하는(일상적인 독일어 entsorgen은 '폐기하다'를 뜻함─옮긴이) 중이다. 예측 가능한 미래는 최적화된 현재로서 우리를 근심시키지 않는다.

하이데거의 현존재 분석에서 사용하는 범주들, 예컨대 "이야기(역사)Geschichte", "던져져 있음Geworfenheit", "사실성Faktizität"은 모두 땅의 질서에 속해 있다. 정보는 서사적이지 않고 가산加算적이다. 정보를 세기zählen는 가능하지만 이야기하기erzählen는 불가능하다. 현재성을 띠는 기간이 짧은 불연속적 단위들인 정보는 조립되어 이야기를 이루지 못한다. 우리의 기억공간도, 온갖 가능한 정보로 꽉 찬 저장장치를 점점 더 닮아간다. 더하기와 축적이 이야기를 밀어낸다. 이야기와 기억의 핵심 특징은 긴 시간에 걸친 서사적 연속성이다. 이야기가 비로소 뜻과 맥락을 만들어낸다. 디지털 질서, 곧 숫자의 질서는 이야기와 기억이 없다. 그리하여 디지털 질서는 삶을 파편화한다.

자기를 최적화하는, 자기를 새로 발명하는 프로젝트로서의 인간은 "던져져 있음" 위로 솟아오른다. 하이데거의 "사실성" 개념의 핵심은, 인간의 실존이 "처분 불가능한 것das Unverfügbare"에 기반을 둔다는 것이다. 하이데거의 "존재"는 처분 불가능한 것의 다른 이름이다. "던져져 있음"과 "사실성"은 땅의 질서에 속한다. 디지털 질서는 인간의 실존을 **탈사실화**defaktifizieren한다. 그 질서는 처분 불가능한 존재 기반을 받아들이지 않는다. 디지털 질서의 표어는 이것이다. '**존재는 정보다.**' 그렇다면 존재는 전적으로 처분 가능하고 조종 가능하다. 반면에 하이데거가 말하는 **사물**Ding은 **인간 실존의 사물화**되어 있음(제한성)Be-Dingtheit의 **화신**, 사실성의 화신化身이다. **사물은 땅의 질서를 담은 암호**다.

정보권情報圈은 양면성을 띠었다. 정보권은 우리에게 더 많은 자유를 가져다주지만, 또한 동시에 우리를 증가하는 감시와 조종에 노출한다. 구글은 연결망을 갖춘 미래의 스마트홈을 "전자 오케스트라"라고 소개한다. 스마트홈의 거주자는 "지휘자"다.[8] 그러나 이 디지털 유토피아를 다루는 저자들이 실제로 묘사하는 것은 **스마트한 감**

옥이다. 스마트홈 안에서 우리는 자율적인 지휘자가 아니다. 오히려 우리는 다양한 행위자들에 의해, 보이지 않는 메트로놈들에 의해 **지휘 당한다**. 우리는 모든 것을 한눈에 보는 시선에 우리 자신을 노출한다. 다양한 센서를 갖춘 스마트 침대는 수면 중에도 감시를 이어간다. 감시는 편리한 장치의 형태를 띠고 일상 속으로 점점 더 많이 잠입하고 있다. 우리의 노동을 대폭 덜어주는 정보기계Infomat는 알고 보면 효과적인 **정보원**Informant이다. 그 정보원이 우리를 감시하고 조종한다. 그렇게 우리는 정보권 안에 갇힌다.

알고리즘이 조종하는 세계 안에서 인간은 행위 능력을, 자율성을 점점 더 잃는다. 그는 자신이 이해할 수 있는 범위를 벗어난 세계를 마주한다. 그는 알고리즘의 결정들을 따르지만 그것들을 이해하지 못한다. 알고리즘은 블랙박스가 된다. 세계는 인공 신경망들neural networks의 심층에서 사라지고, 인간은 그것들에 접근하지 못한다.

정보는 독자적으로 세계를 환히 밝히지 못한다. 도리어 정보는 세계를 어둡게 만들 수 있다. 어느 시점부터 정보는 '형상을 제공하지informativ' 않고 '형상을 일그러뜨린다deformativ'. 우리는 그 임계점을 오래전에 넘었다. 급증하는 정보 엔트로피, 곧 정보 카오스가 우리를 탈사실적 사회 안으로 처박는다. 진실Wahrheit과 거짓의 구별은 사라진다. 이제 정보는 현실과 전혀 상관없이 과도현실적hyperreal 공간에서 유통된다. 가짜뉴스도 엄연히 정보다. 그 정보는 사실보다 더 큰 효과를 낼 수도 있다. 중요한 것은 **단기적 효과**다. 효과가 진실을 대체한다.

하이데거와 마찬가지로 한나 아렌트는 땅의 질서를 고수한다. 그리하여 그녀는 멈춤과 지속을 자주 언급한다. 세계사물들뿐 아니라 진실도 인간의 삶을 안정화해야 한다. 정보와 달리 진실은 **존재의 굳건함**을 지녔다. 지속과 불변은 진실의 핵심 특징이다. **진실성**Wahrheit**은 사실성**Faktizität**이다.** 진실은 모든 변화와 조작에 저항한다. 그렇게 진실은 인간 실존의 토대를 이룬다. "진실을 인간이 바꿀 수 없는 것으로 개념적으로 정의할 수 있을 법하다. 비유적으로 말하면, 진실은 우리가 딛고 선 기반이며, 우리 위에 펼쳐진 하늘이다."**9**

주목할 만하게도 아렌트는 진실을 땅과 하늘 사이에 정착시킨다. 진실은 땅의 질서에 속한다. 진실은 인간의 삶에 **멈춤**을 준다. 디지털 질서는 **진실의 시대**를 종료하고 **탈사실적 정보사회**를 개시한다. 탈사실적 정보 체제가 사실과 진실 위로 솟아오른다. 정보는 탈사실적 면모를 지녔다는 점에서 **법정으로부터 달아난다**dingflüchtig. 아무것도 **확고하지**dingfest 않은 곳에서는 모든 **멈춤**이 사라진다('dingflüchtig'와 'dingfest'에 붙어 있는 접두어 'ding'은 두 단어를 '사물로부터 달아나다'와 '사물처럼 확고한'으로 읽을 가능성을 열어준다—옮긴이).

시간 집약적 실행들은 오늘날 사라지고 있다. 진실도 시간 집약적이다. 쉴 새 없이 한 정보에 이어 다른 정보가 밀려드는 곳에서 우리는 **진실을 위한 시간**을 가지지 못한다. 우리의 탈사실적 자극 문화에서 소통을 지배하는 것은 흥분과 감정이다. 시간을 기준으로 보면, 합리성과 달리 흥분과 감정은 매우 불안정하다. 따라서 이것들은 삶을 불안정하게 만든다. 신뢰하기, 맹세하기, 책임지기도 시간 집약적 실행이다. 이 행위들은 현재를 넘어 미래로 뻗어나간다. 인간의 삶을 안정화하는 모든 것은 시간 집약적이다. 충실, 결속, 의무도 마찬가지로 시간 집약적 관행이다. 안정화하는 (리추얼을 비롯한) 시간 건축물들Zeit-Architekturen의 붕괴는 삶을 불안정하게 만든다. 삶을 안정화하려면 **다른 시간 정치**Zeitpolitik가 필요하다.

또 하나의 시간 집약적 실행은 '하염없이 머무르기(거주하기)Verweilen'다. 정보에 매달리는 지각은 **천천히 오래 바라보지** 않는다. 정보는 우리의 호흡과 바라봄을 단축한다. 정보 곁에 하염없이 머무르는 것은 불가능하다. 사물 곁에 하염없이 머무르며 숙고하기, 어떤 의도도 없이 보기는 행복의 공식이라고 할 만한데, 이것이 정보 사냥에 밀려난다. 오늘날 우리는 정보를 쫓아 질주하지만 **앎**에 도달하지 못한다. 우리는 모든 것을 알아두지만zur Kenntnis nehmen **깨달음**Erkenntnis에 이르지 못한다. 우리는 차를 타고 온갖 곳으로 달려가지만farhen, 단 하나의 **경험**Erfahrung도 하지 못한다. 우리는 끊임없이 소통하지만 **공동체**에 속하지 못한다. 우리는 엄청난 데이터를 저장하지만 **기억**을 되짚지 않는다. 우리는 친구와 팔로워를 쌓아가지만 **타자**와 마주치지 않는다. 그리하여 정보는 존속과 지속이 없는 삶꼴을 발전시킨다.

정보권은 의심할 바 없이 해방의 효과를 지녔다. 정보권은 사물권보다 더 효과적으로 우리를 노동의 고됨으로부터 해방한다. 인류 문명은 **실재의 정신화가 점점 더 성취되는 과정**이라고 할 수 있다. 인간은 자신의 정신적 능력들을 차례로 사물에게 넘겨준다. 이는 사물이 인간 대신 노동하게 하기 위해서다. 그렇게 주관적 정신이 객관적 정신으로 탈바꿈한다. 사물은 기계로서 (원초적 형태의 정신으로서의 기계가 자발적 활동력을 갖게 만들려는 욕구가 기계 안에 깃들어 있는 한에서) 문명의 진보를 표현한다. 《정신철학》에서 헤겔은 이렇게 말한다. "그러나 도구는 아직 스스로 자기 자체에 활동성을 지니지 않았다. 도구는 **게으른** 사물이다. […] ─여전히 내가 도구를 가지고 노동해야 한다. 나는 나와 외적 사물성 사이에 꾀List를 끼워넣었다. ─나를 아끼고 […] 그것을 소모하기 위해서[…다.] ─하지만 나는 여전히 굳은살이 박인다. 나를 사물로 만들기는 여전히 필연적 계기이며, 충동의 고유한 활동성은 아직 사물 안에 깃들지 않았다. 도구 안에도 고유한 활동성을 집어넣어야 한다. 도구를 자발적인 놈으로 만들어야 한다."¹⁰ 도구는 자발성이 없는 탓에 게으른 사물이다. 도구를 다루는 인간은 자기 자신을 사물로 만든다. 손에 굳은살이 박이는 것이다. 손은 사물처럼 마모된다. 자발적 기계를 다루는 손은 더는 굳은살이 박이지 않지만, 노동에서 완전히 해방되지 못한다. 도리어 기계가 비로소 공장과 노동자를 만들어낸다.

　문명의 다음 단계에서는 사물에 충동만 이식되는 것이 아니라 정신의 더 높은 형태인 지능도 이식된다. 인공지능은 사물을 정보기계로 변신시킨다. "꾀"란 인간이 사물을 자기 대신 노동하게 하는 것에 그치지 않고 생각까지 하게 하는 것이다. 기계가 아니라 정보기계가 비로소 손을 노동으로부터 해방한다. 하지만 인공지능은 헤겔이 떠올릴 수 있는 것들의 범위 바깥에 있다. 게다가 헤겔은 너무 심하게 노동의 이념에 붙박여 있어서 노동이 아닌 삶꼴에 접근하지 못한다. 헤겔에게 **정신은 노동이다. 정신은 손이다**. 해방 작용의 측면에서 디지털화는 **놀이**를 닮은 삶꼴을 내다보게 한다. 디지털화는 경기景氣와 무관한 **디지털 실업**을 만들어낸다.

빌렘 플루서는 정보가 지배하는 새로운 세계의 상황을 이렇게 요약한다. "우리는 더는 사물들에 매달릴 수 없다. 한편 정보에서는, 우리는 어떻게 정보에 매달릴지 모른다. 우리는 매달릴 곳 없게 되어버렸다."**11** 회의주의적인 도입부에 이어 플루서는 미래를 유토피아적인 이미지들로 묘사한다. 처음에 두려움을 일으킨 '매달릴 곳 없음'은 놀이의 떠도는 가벼움에 밀려난다. 사물에 관심이 없는 미래의 인간은 노동자(호모 파베르Homo faber)가 아니라 놀이꾼(호모 루덴스Homo ludens)이다. 그는 물질적 실재의 저항을 힘겨운 노동으로 극복할 필요가 없다. 미래의 인간은 손이 없다. "우리를 둘러싼 모든 곳과 우리 자신의 내부에서 태어날 이 새로운 인간은 실은 손이 없다. 그는 더는 사물들을 다루지behandeln 않으며, 그렇기 때문에 그에 대해서는 더는 행위Handlung를 거론할 수 없다."**12**

손은 노동과 행위의 기관이다. 반면에 손가락은 선택의 기관이다. 손이 없는 미래의 인간은 오직 손가락들만 사용한다. 그는 **행위하는** 대신에 **선택한다**. 그는 욕구를 충족하기 위해 자판의 단추를 누른다. 그의 삶은 그에게 행위들을 강요하는 드라마가 아니라 한판의 놀이다. 그는 또한 아무것도 소유하려 하지 않는다. 대신에 그는 체험하고 누리려 한다.

손 없는 미래 인간은 스마트폰을 손가락으로 만지작거리는 저 '포노 사피엔스Phono sapiens'와 유사하다. 스마트폰은 그의 놀이터다. 미래 인간은 놀고 누리기만 한다는 생각, 곧 "염려"가 전혀 없다는 생각은 유혹적이다. 소통과 노동을 막론하고 생활세계가 점점 더 게임화하는 것을 놀이하는 인류의 시대가 이미 시작되었다는 증거로 해석할 수 있을까? 놀이하는 포노 사피엔스를 환영해야 할까? 니체는 포노 사피엔스를 벌써 예견하기라도 한 것처럼 "마지막 인간letzter Mensch"을 이렇게 묘사한다. "사람들은 여전히 노동한다. 노동이 오락이기 때문이다. […] 사람들은 낮에 누리는 소소한 쾌락과 밤에 누리는 소소한 쾌락을 지녔다. 그러나 사람들은 건강을 존경한다."**13**

오직 체험하고 누리고 놀이하려 하는 포노 사피엔스는 한나 아렌트가 말하는 자유와 작별한다. 그 자유는 행위Handlung와 결합되어 있다. **행위하는** 자는 기존의 것과 결별하고 새로운 것, 전혀 다른 것을 세계 안에 들여앉힌다. 이 과정에서 그는 **저항**을 극복해야 한다. 반면에 놀이는 실재에 개입하지 않는다. 행위하기는 역사를 위한 동사다. 놀이하는, 손 없는 미래 인간은 역사의 종말의 화신化身이다.

모든 각각의 시대는 자유를 나르게 정의한다. 고대에 자유란 누군가가 자유민이라는 것, 다시 말해 노예가 아니라는 것을 의미했다. 근대에 자유는 주체의 자율로 내면화된다. 근대적 자유는 행위의 자유다. 오늘날 행위의 자유는 선택 및 소비의 자유로 주저앉는다. 손 없는 미래 인간은 "손가락 끝의 자유"[14]에 몰두한다. "가용한 단추가 워낙 많아서, 나의 손가락 끝은 결코 모든 단추를 누를 수 없다. 따라서 나는 전적으로 자유롭게 결정한다고 느낀다."[15] 손가락 끝의 자유는 알고 보면 환상이다. 자유로운 선택은 실은 **소비를 위해 고르기**다. 손 없는 미래 인간은 진정으로 **다른 선택지**를 가지고 있지 않다. 왜냐하면 그는 **행위하지** 않으니까 말이다. 그의 삶은 **역사 이후**에 있다. 그는 손이 없다는 것조차 자각하지 못한다. 그러나 우리는 비판 능력을 지녔다. 왜냐하면 우리는 아직 **손**이 있기 때문이다. 바꿔 말해 **행위할 수 있기** 때문이다. 오직 손만이 **선택**할 능력을, 행위로서의 자유를 가질 능력을 지넜다.

완전한 지배는 모든 사람이 놀이만 하는 상황을 실현하는 지배다. 로마 시인 유베날리스Juvenalis는 정치 행위가 더는 가능하지 않은 로마 사회를 "파넴 엣 키르켄세스 panem et circenses(빵과 경기들)"라는 문구로 묘사한다. 무료 양식과 대단한 구경거리인 경기들이 사람들을 가만히 있게 만든다. 기본소득과 컴퓨터게임은 파넴 엣 키르켄세스의 근대적 버전이라고 할 만하다.

소유에서 체험으로

추상적으로 말하면, 체험하기란 정보를 소비하기다. 오늘날 우리는 **소유**보다 **체험**을, **가지기**보다 **존재하기**를 더 많이 원한다. 체험은 **존재**의 한 형태다. 에리히 프롬은 《소유냐 존재냐》에서 이렇게 말한다. "소유는 […] **사물들**과 관련 맺는다. 존재는 […] **체험들**과 관련 맺는다."**16** 근대 사회가 존재보다 소유를 더 중시한다는 프롬의 비판은 오늘날 완벽하게 타당하지는 않다. 왜냐하면 우리는 소유보다 존재를 더 선호하는, 체험과 소통의 사회에서 사니까 말이다. "내가 더 많이 **소유**할수록 나는 더 많이 **존재**한다"라는 오래된 소유 격언은 이제 유효하지 않다. 새로운 체험 격언은 이러하다. "내가 더 많이 **체험**할수록 나는 더 많이 **존재**한다."

〈바레스 퓌어 라레스Bares für Rares〉[제목을 직역하면 '희귀한 것을 위한 현금'이며, 출연자가 자신의 물건을 들고 나와 전문가들("거래인들")에게 파는 것이 주요 내용이다. 우리나라의 〈TV쇼 진품명품〉과 약간 유사함─옮긴이] 같은 텔레비전 프로그램들은 눈에 띄지 않게 진행되고 있는 패러다임 전환을 웅변하듯 증언한다. 우리는 과거에 '충심衷心의 사물Hezensding'이었던 것과 아픔 없이, 정말이지 거의 무심하게 헤어진다. 주목할 만하게도, 그 프로그램 출연자의 대다수는 "거래인들"에게서 건네받은 돈으로 "여행"을 하려 한다. 마치 여행이 사물과의 이별에 어울리는 리추얼이기라도 한 것처럼 말이다. 사물 속에 깃들어 보존된 **기억들**은 갑자기 가치가 없어진다. 그 기억들은 새로운 **체험들**에 밀려나야 한다. 보아하니 오늘날 사람들은 사물 곁에 하염없이 머물거나 사물을 충실한 동반자로 살려낼 능력이 없어졌다. 충심의 사물은 집약적인 리비도적 결속을 전제한다. 우리는 오늘날 사물과도 사람과도 결속하지 않으려 한다. **결속**은 이 시대에 어울리지 않는다. 결속은 체험 가능성을, 곧 **소비주의적 의미의 자유**를 축소하기 때문이다.

심지어 사물을 소비할 때도 우리는 이제 체험을 기대한다. 사물에서 사용가치보다 더 중요한 것은 정보 내용, 예컨대 상표의 이미지다. 사물을 지각할 때 우리는 주로 사물에 저장된 정보를 얻기 위해 지각한다. 사물을 사들일 때 우리는 감정을 구매하고 소비한다. 제품은 스토리텔링을 통해 감정을 충전 받는다. 가치 창출의 결정적 요소는 제품을 **차별화하는 정보들**, 소비자에게 특별한 체험을 넘어 특별함의 체험을 약속하는 정보들이다. 상품에서 정보는 사물적 측면보다 짐짐 더 중요해진다. 진정한 생산물은 제품의 미적·문화적 내용이다. 체험 경제가 사물 경제를 제거한다.

정보는 사물처럼 쉽게 소유되지 않는다. 그래서 정보는 모두에게 속한다는 인상이 생겨난다. 소유는 사물 패러다임을 지배한다. 정보로 이루어진 세계는 소유가 아니라 **접속**Zugang을 통해 통제된다. 사물이나 장소와 결속하는 것이 네트워크와 플랫폼에 잠시 접속하는 것으로 대체된다. **공유경제**도 사물과의 동일시를 약화한다. 사물과의 동일시는 **소유**의 본질이다. '소유하다'를 뜻하는 독일어 'Besitzen'은 '앉아 있다'를 뜻하는 'Sitzen'에서 유래했다. 끊임없는 이동 강제가 벌써 사물 및 장소와의 동일시를 약화한다. 우리의 정체성 형성에서도 사물과 장소의 영향이 점점 더 약해진다. 정체성은 오늘날 주로 정보를 통해 제작된다. 우리는 소셜미디어라는 기반 위에서 **우리 자신을 생산한다**produzieren. '자기를 생산하다'로 직역되는 프랑스어 'se produire'는 '자기를 장면 안에 놓다sich in Szene setzen'를 의미한다. 우리는 우리 자신을 **연출한다** inszenieren. 우리는 **우리의 정체성을 공연한다.**

소유에서 접속으로의 이행은 제러미 리프킨이 보기에 생활세계의 결정적 변화를 가져오는 근본적인 패러다임 교체다. 심지어 그는 새로운 인간 유형의 등장을 예언한다. "진입, 점유, '접속access'은 이제 막 시작되는 시대의 핵심 개념들이다. [···] 경제생활에서 소유물에 대한 견해의 변화는 미래 세대들이 그들 자신과 삶 자체를 보는 관점을 영속적으로 바꿔놓을 것이다. '접속' 관계가 지배하는 세계는 다른 유형의 인간들을 낳을 개연성이 매우 높다."[17]

사물과 소유에 관심이 없는 인간은 노동과 소유권에 기반을 둔 "사물 도덕Dingmoral"에 예속되지 않는다.[18] 그는 노동보다 놀이를, 소유보다 체험과 향유를 원한다. 경제도 문화적 단계에 이르면 놀이의 특징들을 나타낸다. 연출과 공연(퍼포먼스)이 점점 더 많은 의미를 얻는다. 문화적 생산, 곧 정보 생산은 점점 더 예술 창작 과정을 전용轉用한다. **창조성**이 그 생산의 구호가 된다.

반사물의 시대에 '소유'라는 단어는 유토피아적 인상을 풍길 수 있다. 소유를 특별하게 만드는 것은 친밀함과 내면성이다. 사물과의 집약적 관계가 비로소 사물을 소유물로 만든다. 사람들을 전자장치를 소유하지 않는다. 오늘날 소비재들이 이토록 빠르게 쓰레기통으로 들어가는 것은 우리가 그것들을 **소유**하지 않기 때문이다. 소유물은 내면화되고 심리적 내용을 보유하게 된다. 내가 소유한 사물은 느낌과 기억을 담은 그릇이다. 오래 사용됨을 통해 사물에 축적되는 **역사**는 사물에 영혼을 불어넣어 충심의 사물로 만든다. 그러나 오직 **은은한 사물**diskrete Ding만 집약적인 리비도적 결속을 통해 충심의 사물로 살아날 수 있다. 오늘날의 소비재들은 은은하지 않다. 추근거리고 조잘거린다. 그것들은 미리 제작된 표상과 감정을 이미 너무 많이 담고 있다. 그 표상과 감정이 소비자에게 봇물 터지듯 밀려든다. 소비자 자신의 삶은 그것들 안에 거의 깃들지 못한다.

발터 벤야민에 따르면, 소유는 "사람이 사물과 맺을 수 있는 가장 깊은 관계다."**[19]** 사물을 가장 모범적으로 소유하는 사람은 수집가다. 벤야민은 수집가를 유토피아적 인물로, 사물들을 구원할 미래의 인물로 추어올린다. 수집가는 "사물의 거룩한 변모Verklärung"(참고로 예수의 거룩한 변모 곧 현성용顯聖容이란 예수가 이 세상에 속한 자가 아니라는 사실이 드러난 사건을 말함—옮긴이)를 자신의 사명으로 삼는다. 그는 "멀리 떨어지거나 지나가버린 세계만 꿈꾸는 것이 아니라 또한 더 나은 세계, 거기에서 사람들은 일상세계에서와 마찬가지로 필요한 것을 부족하게 갖추지만 사물들은 유용하기 위한 노역勞役에서 해방되는 그런 세계를 꿈꾼다."[20]

저 유토피아적 미래에 인간은 사물을 전혀 다르게 사용한다. 그 사용은 **소모**가 아니다. 수집가는 사물의 구원자로서 "사물을 소유함으로써 사물로부터 상품성을 벗겨내는" 시시포스적 사명에 헌신한다.[21] 벤야민이 말하는 수집가는 사물의 효용과 사용가치보다 역사와 관상觀相에 더 많은 관심을 기울인다. 사물을 낳은 시대, 지형, 수작업, 소유자가 수집가의 손안에서 결정結晶화하여 "마법의 백과사전이 되고, 그 백과사전의 본질은 그의 대상의 운명이다."[22] 참된 수집가는 소비자에 맞선 인물이다. 그는 운명 해석자, 사물 세계의 관상학자다. "그는 그것들[사물들]을 붙잡는 일이 거의 없다. 그래서 그는 영감으로 충만하여 그것들을 뚫고 먼 곳을 바라보는 것처럼 보인다."[23]

벤야민은 잘 알려진 라틴어 격언을 인용한다. **"책들은 고유의 운명을 가졌다**(Habent sua fata libelli).**"** 그의 해석에 따르면, 책은 사물로서, 소유물로서 존재하는 한에서 운명을 가진다. 그런 책은 역사가 남긴 물질적 흔적들을 보유하고 있다. 전자책은 **사물**이 아니라 **정보**다. 전자책은 전혀 다른 존재 지위를 지녔다. 당신이 전자책에 대한 처분권을 보유했다 하더라도, 전자책은 **소유물**Besitz이 아니라 **통로**Zugang다. 전자책은 책을 정보가치로 환원한 결과다. 전자책은 나이, 장소, 수작업, 소유자 없이 존재한다. 전자책에는 '아우라적인 먼 거리auratische Ferne'가 전혀 없다. 그 먼 거리에서 개별적 운명이 우리에게 말을 건네야 할 텐데 말이다. 운명은 디지털 질서와 어울리지 않는다. 정보는 관상도 없고 운명도 없다. 집약적 결속도 허용하지 않는다. 그래서 전자책에는 저자가 따로 챙겨두는 보존본Handexemplar이 없다. 책에 뚜렷이 구별되는 얼굴을, 관상을 부여하는 것은 소유자의 **손**이다. 전자책은 얼굴도 없고 역사도 없다. 사람들은 손을 제쳐놓고 전자책을 읽는다. **책장 넘기기**에는 **촉감**이 깃들어 있다. 촉감은 모든 **관계**의 본질적 요소다. 신체적 접촉이 없으면 결속이 발생하지 않는다.

우리의 미래는 아마도 벤야민이 말한 유토피아와 다를 것이다. 즉, 상품성으로부터 해방된 사물들이 있는 유토피아는 우리의 미래가 아닐 것이다. **사물들의 시대**는 가버렸다. 〈바레스 퓌어 라레스〉 같은 텔레비전 프로그램들이 보여주듯이, 오늘날에는 심지어 충심의 사물도 가차없이 상품이 된다. 정보자본주의는 첨예화된 자본주의다. 산업 자본주의와 달리 정보자본주의는 비물질적인 것마저도 상품으로 만든다. 삶 자체가 상품의 형태를 띠게 된다. 모든 인간관계가 상업화된다. 소셜미디어는 소통을 깡그리 착취한다. 에어비앤비를 비롯한 플랫폼들은 손님에 대한 환대를 상업화한다. 정보자본주의는 우리 삶의 구석구석을, 정말이지 우리 영혼의 구석구석을 남김없이 정복한다. 인간적 호감은 별점 평가나 '좋아요'로 대체된다. 친구는 무엇보다도 먼저 개수를 세어야 할 대상이다. 문화 자체가 완전히 상품이 된다. 장소의 역사마저도 부가가치의 원천으로서의 스토리텔링을 통해 알뜰하게 도살된다. 그 결과로 나오는 생산물들에는 소소한 이야기들이 첨가된다. 문화와 상업의 차이는 현저히 사라진다. 문화적 명소는 수익을 창출하는 상표로 자리 잡는다.

문화의 원천은 공동체다. 문화는 공동체를 창출하는 상징적 가치들을 매개한다. 문화가 더 많이 상품으로 될수록, 문화는 자신의 원천으로부터 더 멀어진다. 문화의 전면적 상업화와 상품화에 따른 귀결은 공동체의 파괴다. 디지털 플랫폼에서 흔히 이야기되는 '커뮤니티 community'는 상품의 형태를 띤 공동체다. 그 커뮤니티의 종착점은 상품으로서의 공동체다.

스마트폰

처음 등장할 당시에 전화는 운명적 권능의 아우라를 두르고 있었다. 전화벨 소리는 마치 명령 같았고, 사람들은 그 명령에 복종했다. 〈1900년경 베를린 유년기〉에서 벤야민은 자신이 아이였을 때 전화기의 은밀한 폭력에 어떻게 무방비로 노출되었는지 서술한다. "그 시절에 전화기는 실내 뒤쪽 복도 한구석, 때 묻은 빨래를 담는 궤짝과 가스 검침기 사이에 추방된 것처럼 기괴한 모습으로 매달려 있었지만, 거기에서 울리는 요란한 전화벨은 베를린 주택의 섬뜩함을 심화할 따름이었다. 내가 더는 견뎌낼 수 없다고 느끼며 호스처럼 길쭉하고 칠흑같이 어두운 공간을 한참 더듬은 끝에 전화기에 도달하여 그 요란한 소리를 멈추려고 아령처럼 무거운 수화기 두 개를 낚아채고 머리를 그 사이로 들이밀면, 나는 저쪽에서 말하는 목소리에 무자비하게 노출되었다. 나를 침범하는 그 목소리의 은밀한 폭력을 아무것도 누그러뜨리지 못했다. 그 목소리가 나에게서 시간과 의무와 의도에 대한 의식을 강탈하고 나 자신의 숙고를 무력하게 만들고, 그 목소리의 매체가 저 건너편에서 그 매체를 장악한 목소리에 복종할 때, 나는 무력하게 당하면서 전화기를 통해 나에게 공표되는 최초이자 최선의 제안에 순종했다."[24]

매체Medium는 메시지다. 어두운 복도에서 굉음을 내는 전화기, 아령만큼 무거운 수화기는 메시지를 미리 일러주고 메시지에 어떤 섬뜩함을 부여한다. 그리하여 최초 전화 통화들의 소음은 "밤 소음"이다. 오늘날 우리가 바지 주머니에 넣고 다니는 핸드폰은 **운명의 무게**를 지니지 않았다. 핸드폰은 다루기 쉽고 가볍다. 우리는 핸드폰을 말 그대로 손아귀에 거머쥔다. 운명은 우리를 **꼼짝 못하게** 만드는 낯선 권능이다. **운명의 목소리**로서의 메시지도 우리에게 자유 공간을 거의 허용하지 않는다. 반면에 스마트폰의 **이동성**은 벌써 우리에게 자유의 느낌을 준다. 아무도 스마트폰의 벨소리에 경악하지 않는다. 이동전화에는 우리에게 무력한 수동성을 강제하는 구석이 없다. 아무도 **타자의 목소리**에 내맡겨지지 않는다.

끊임없이 스마트폰을 건드리고 쓰다듬는 동작은 거의 예배와 맞먹는 몸짓이며, 그 몸짓은 세계와의 관계에 막대한 영향을 미친다. 나의 관심을 끌지 못하는 정보는 신속한 쓰다듬기를 통해 내쳐진다. 반면에 내 마음에 드는 내용은 양 손가락 벌림을 통해 확대된다. 나는 세계를 완전히 손아귀에 쥐고 있다. 세계는 전적으로 나를 따라야 한다. 그렇게 스마트폰은 자기관련Selbstbezogenheit을 강화한다. 스마트폰 화면의 여기저기를 건드리면서 나는 세계를 나의 욕구Bedürfnis에 종속시킨다. 세계는 **총체적 처분 가능성이라는 디지털 가상**을 띠고 나에게 나타난다.

롤랑 바르트에 따르면, 촉각은 "모든 감각 가운데 탈신비화 작용이 가장 강한 감각이다. 반대로 시각은 가장 마법적인 감각이다."[25] **진정한 의미의 아름다움은 건드릴 수 없다. 그 아름다움은 거리를 명령한다.** 숭고한 것 앞에서 우리는 경외심을 품고 뒷걸음질한다. 기도할 때 우리는 손을 펼친다. 촉각은 거리를 없앤다. 촉각은 경탄할 능력이 없다. 촉각은 마주한 상대를 탈신비화하고 그의 아우라를 떨쳐내고 세속화한다. 터치스크린은 **타자의 부정성**을, **처분 불가능한 놈**의 부정성을 없앤다. 터치스크린은 모든 것을 처분 가능하게 만들고자 하는 **촉각 강박**을 보편화한다. 스마트폰 시대에는 시각조차도 촉각 강박에 종속되어 마법적 면모를 잃는다. 시각이 경탄을 상실한다. 거리를 없애는 시각, 소비하는 시각은 촉각을 닮아가고 세계의 신성함을 모독한다. 그 시각 앞에서 세계는 단지 처분 가능한 것으로 나타난다. 스마트폰 화면의 곳곳을 건드리는 엄지손가락은 모든 것을 소비 가능하게 만든다. 상품이나 음식을 주문하는 엄지손가락은 불가피하게 자신의 소비주의적 태도를 다른 영역들에 퍼뜨린다. 그 엄지손가락이 건드리는 모든 것은 상품의 형태를 띠게 된다. '틴더'(데이팅 앱―옮긴이)에서 엄지손가락은 타인을 성적 대상으로 격하한다. 타인의 **다름**은 강탈되고, **타인**조차도 소비 가능하게 된다.

디지털 소통에서 **타인**은 '여기 있음Präsenz'에서 점점 더 멀어진다. 우리는 스마트폰을 쥐고 거품 방울 안으로 움츠러들고, 그 거품 방울은 우리를 타인들로부터 보호한다. 또한 디지털 소통에서는 말 걸기가 흔히 생략된다. 타인을 딱히 **부르지도**anrufen 않는다(독일어 'anrufen'은 '부르다'와 '전화하다'를 모두 뜻하므로, 이 문장을 다음과 같이 옮길 수도 있다. '타인에게 특별히 **전화하지도** 않는다.'―옮긴이). 우리는 전화보다 문자를 더 선호한다. 왜냐하면 문자를 보낼 때 우리가 타인에게 덜 노출되기 때문이다. 그렇게 **목소리로서의 타인**이 사라진다.

스마트폰을 통한 소통은 탈신체화된, 바라봄Blick이 없는 소통이다. 공동체는 신체적 차원을 지녔다. 신체성이 빠져 있다는 점만으로도 디지털 소통은 공동체를 약화한다. 바라봄도 공동체를 굳건히 다진다. 디지털화는 **바라봄으로서의 타인**을 소멸시킨다. 바라봄의 부재는 디지털 시대에 공감의 상실이 일어나는 원인 중 하나다. 심지어 어린아이도 바라봄을 허용받지 못한다. 어린아이를 돌보는 사람이 스마트폰을 들여다보고 있기 때문이다. 다름 아니라 어머니의 바라봄에서 어린아이는 멈춤을, 자기입증Selbstbestätigung과 공동체를 발견한다. 바라봄이 근원적 신뢰를 건설한다. 바라봄의 결핍은 자기 및 타인과 맺는 관계의 장애를 유발한다. 스마트폰은 단지 전화기가 아니라 무엇보다도 먼저 그림과 정보를 전달하는 매체라는 점에서 재래식 핸드폰과 구별된다. 세계는 그림으로 대상화되는 순간에 비로소 전적으로 처분 가능하고 소비 가능하게 된다. "[여기에서] 그림은 […] 일상적인 어법에서 드러나는 의미를 지녔다. '우리는 그림 안에서 무언가 위에 있다Wir sind über etwas im Bilde.'(이것은 인용문의 저자인 하이데거가 의도한 것으로 보이는 억지스러운 직역이며, 일상 어법에 맞는 번역은 '우리는 무언가를 알고 있다'이다—옮긴이) […] '무언가 위의 자기를 그림 안에 놓기Sich über etwas ins Bild setzen'(마찬가지의 직역이며, 일상 어법에 맞는 번역은 '무언가에 관한 착상을 얻기'이다―옮긴이)란, 있는 그대로의 존재자 자체를 자기 앞에 **세우고** 그렇게 **세워진 것**으로서 지속적으로 자기 앞에 가지기를 뜻한다."[26] 스마트폰은 세계를 **세운다** stellen. 즉, 세계를 그림들로서 제작함으로써herstellen **붙잡는다** habhaft werden. 카메라와 화면은 스마트폰의 핵심 요소로 발전한다. 왜냐하면 그것들이 **세계의 그림 되기**를 강제하기 때문이다. 디지털 그림들은 세계를 **처분 가능한 정보**로 바꿔놓는다. 스마트폰은 하이데거가 말하는 의미의 "**틀**Ge-Stell"이다. 기술의 본질로서, 처분 가능하게 만드는 **세우기**의 모든 형태들(이를테면 주문하기Bestellen, 표상하기Vorstellen, 제작하기Herstellen)을 뭉뚱그려 가리키는 용어로서의 "**틀**" 말이다(이런 의미에서 Ge-Stell을 '무릇 세우기'로 번역할 수도 있을 것이다―옮긴이). 문명의 다음 단계는 세계의 그림 되기를 넘어설 것이다. 그 단계는 **그림들을 가지고** 세계를 제작하기, 바꿔 말해 **과도현실적 실재**hyperreale Wirklichkeit를 제작하기다.

세계는 대상들로서의 사물들로 이루어져 있다. '대상Objekt'이라는 단어의 어원은 라틴어 동사 '오비케레obicere'로 거슬러 올라간다. 이 동사는 맞세우기entgegenstellen, 맞은편으로 던지기, 반대하기를 뜻한다. 이 단어에는 저항의 부정성이 깃들어 있다. 원래 대상이란 나에게 저항하는 놈, 나에게 맞서고 반발하는 놈이다. 그런데 디지털 대상들은 '오비케레'의 부정성을 지니지 않았다. 나는 디지털 대상을 저항으로서 경험하지 않는다. 스마트폰은 실재로부터 저항성을 빼앗기 때문에 스마트하다. 스마트폰의 매끄러운 표면이 벌써 저항 없음의 느낌을 준다. 스마트폰의 매끄러운 터치스크린에서는 모든 것이 고분고분하고 마음에 드는 놈으로 나타난다. 클릭이나 손가락으로 건드리기 한 번이면 모든 것이 도달 가능하고 처분 가능하게 된다. 매끄러운 표면을 갖춘 스마트폰은 우리를 꾀어 끊임없이 **'좋아요'**를 끌어내는 **디지털 아첨꾼**의 구실을 한다. 디지털 미디어들이 시간·공간적 저항을 효과적으로 극복하는 것은 맞다. 그러나 **저항의 부정성**이야말로 **경험**을 위해 필수적이다. 디지털 무저항, 스마트한 환경은 세계 결핍, 경험 결핍을 유발한다.

스마트폰은 우리 시대의 으뜸 정보기계다. 그 장치는 많은 사물을 불필요하게 만드는 것에 그치지 않고 사물을 정보로 환원함으로써 세계를 탈사물화한다. 스마트폰의 사물적 면모도 정보를 위해 뒤로 물러난다. 그 면모는 독자적으로 지각되지 않는다. 겉모습만 보면 스마트폰들은 거의 구별되지 않는다. 우리의 시선은 **스마트폰을 관통**

하여 정보권을 들여다본다. 아날로그 시계도 우리에게 시간에 관한 정보를 제공하는 것은 사실이다. 그러나 아날로그 시계는 정보기계가 아니라 사물이며, 더 나아가 **장식**Schmuck이기도 하다. 사물적 면모는 아날로그 시계의 핵심 요소다.

정보와 정보기계가 지배하는 사회는 **장식이 없다**. 장식은 원래 **화려한 옷**을 뜻한다. 반사물은 **발가벗었다**. **장식적 면모, 꾸밈의 면모**는 사물의 고유한 특징이다. 장식을 통하여 삶은, 기능이 다가 아니라는 주장을 고수한다. 바로크 예술에서 장식적 면모는 '테아트룸 데이theatrum dei', 곧 신들을 위한 연극이다. 우리가 삶을 철저히 기능과 정보에 종속시키면, 신적인 것은 삶에서 쫓겨난다. 스마트폰은 우리 시대의 상징이다. 스마트폰에는 **구불거리는 곡선 장식**이 전혀 없다. **매끄러움**과 **곧음**이 스마트폰을 지배한다. 스마트폰을 통한 소통에도 **아름다운 형식의 마법**이 없다. 그 소통을 주도하는 것은 **흥분**을 통해 가장 잘 표현되는 **일직선**이다. 게다가 스마트폰은 과도소통을 심화한다. 과도소통은 모든 것을 고만고만하게 만들고 매끄럽게 연마하고 결국 획일화한다. 우리는 지금 '특이점들의 사회'에서 살고 있지만, 역설적이게도 그 사회에서는 특이한 것, 비교할 수 없는 것이 거의 등장하지 않는다.

오늘날 우리는 어디에서나 스마트폰을 꺼내 들고 우리의 지각을 그 장치에 위임한다. 우리는 그 화면을 통해 실재를 지각한다. 그 디지털 창은 실재를 정보로 희석하고, 우리는 그 정보를 **등록한다**. 실재와의 **사물적 접촉**은 일어나지 않는다. 실재는 '**지금 여기에 있음**Präsenz'을 박탈당한다. 우리는 실재의 **물질적 울림**materielle Schwingung을 더는 지각하지 않는다. 지각은 탈신체화된다. 스마트폰은 세계를 탈실재화한다.

사물은 우리를 감시하지 않는다. 그렇기 때문에 우리는 사물을 **신뢰**한다. 반면에 스마트폰은 정보기계일 뿐 아니라, 끊임없이 사용자를 감시하는 매우 효과적인 정보원이다. 스마트폰 내부의 알고리즘들에 귀의한 사람이 스마트폰에 의해 추적당한다고 느끼는 것은 정당하다. 스마트폰은 우리를 조종하고 프로그래밍한다. 우리가 스마트폰을 사용하는 것이 아니라, 스마트폰이 우리를 사용한다. 참된 행위자는 스마트폰이다. 우리는 이 디지털 정보원에게 내맡겨지고, 스마트폰의 표면 너머에서 다양한 행위자들이 우리를 조종한다.

스마트폰은 해방적 면모들만 가지고 있는 것이 아니다. 항시적 도달 가능성은 노예 신세와 근본적으로 다르지 않다. 알고 보면 스마트폰은 움직이는 강제노동수용소다. 우리는 자발적으로 거기에 갇힌다. 더 나아가 스마트폰은 **포르노폰**Pornophone이다. 우리는 자발적으로 발가벗는다. 그렇게 스마트폰은 움직이는 고해소告解所의 기능을 한다. 스마트폰은 "고해소의 성스러운 지배 체제"[27]를 다른 형태로 이어간다.

모든 지배 체제는 제각각 고유한 성물聖物들을 지녔다. 신학자 에른스트 트뢸치는 "민중의 상상력을 사로잡는 성물들"[28]을 거론한다. 그것들은 지배 체제를 관습화하고 몸에 정박함으로써 안정화한다. 성물을 뜻하는 독일어 'Devotionalien'에서 'Devot'의 의미는 '복종'이다. 스마트폰은 신자유주의 체제의 성물로 자리 잡는 중이다. 복종을 유도하는 장치로서 스마트폰은 묵주를 닮았다. 그 디지털 장치와 똑같이 묵주도 휴대할 수 있고 다루기 쉽다. '좋아요'는 디지털 '아멘'이다. '좋아요' 버튼을 클릭할 때 우리는 신자유주의 지배맥락에 굴복하는 것이다.

페이스북이나 구글 같은 플랫폼들은 새로운 영주들이다. 우리는 지칠 줄 모르고 그들의 밭을 갈아 소중한 데이터를 생산하고, 그들은 그 데이터를 최대한으로 써먹는다. 우리는 철저히 착취당하고 감시당하고 조종당하는데도 자유롭다고 느낀다. 자유를 착취하는 시스템 안에서 저항은 형성되지 않는다. 지배가 자유와 합쳐지는 순간, 지배는 완성된다.

쇼샤나 주보프는 저서 《감시자본주의 시대》 끄트머리에서 공동 저항을 호소하면서 베를린 장벽의 사례를 지목한다. "베를린 장벽은 많은 이유로 무너졌지만, 가장 중요한 이유는 동베를린 사람들이 '이제 그만해!'라고 말한 것이었다. […] 이제 그만해! 이것을 **우리의** 선언으로 삼자."**29** 자유를 **억압**하는 공산주의 시스템은 자유를 **착취**하는 신자유주의 감시자본주의와 근본적으로 다르다. 우리는 디지털 약물에, 소통 도취에 너무 심하게 홀려 있기 때문에, "이제 그만해"라는 외침이 터지지 않는다. 어떤 저항의 목소리도 나오지 않는다. 이런 마당에 혁명 낭만주의는 부적절하다. 개념예술가 제니 홀저는 "내가 원하는 것으로부터 나를 보호해줘"라는 **지당한 구호**로 진실의 한 자락을 발설했다. 보아하니 쇼샤나 주보프는 그 한 자락을 빠뜨린 듯하다.

신자유주의 체제는 그 자체로 스마트하다. 스마트한 권력은 명령과 금지를 수단으로 삼지 않는다. 그 권력은 우리를 순종하게 만드는 것이 아니라 의존하고 갈망하게 만든다. 우리의 의지를 꺾는 대신에, 스마트한 권력은 우리의 욕구를 이용한다. 그 권력은 우리의 마음에 들고자 한다. 그 권력은 억압적이지 않고 허용적이다. 그 권력은 우리에게 침묵을 강요하지 않는다. 오히려 우리의 견해, 선호, 욕구, 바람을 털어놓으라고, 요컨대 우리의 삶을 이야기하라고 끊임없이 촉구하고 격려한다. 스마트한 권력은 철저히 우호적으로, 정말이지 스마트하게 다가옴으로써 지배 의도를 보이지 않게 감춘다. 종속된 주체는 자신의 종속을 의식하지조차 못한다. 그 주체는 자신이 자유롭다고 공상한다. 자본주의는 '좋아요' 자본주의에서 완성에 이른다. 그 자본주의는 허용성을 갖췄으므로 저항과 혁명을 두려워하지 않아도 된다.

스마트폰과 우리가 맺은 공생에 가까운 관계 앞에서 현재 어떤 이들은 스마트폰이 '이행 대상Übergangsobjekt'이라는 견해를 제시한다. 정신분석가 도널드 위니콧은 어린아이가 안전하게 현실로 이행할 수 있게 해주는 사물들을 이행 대상이라고 부른다. 이행 대상들을 통해 비로소 어린아이는 "중간 공간"[30]을 만들어내고 거기에서 "논란 없이 만들어진 안전한 휴식처에서처럼 긴장을 푼다."[31] 이행 대상들은 현실로 넘어가는, 유아적 전능 환상을 벗어난 타자들로 넘어가는 다리를 건설한다. 어린아이는 이른 시기에 벌써 이불이나 방석의 귀퉁이를 움켜쥔다. 그 귀퉁이를 입에 물거나 제 얼굴과 몸에 비비기 위해서다. 더 나중에 어린아이는 인형이나 동물 봉제 인형 같은 대상 전체를 제 것으로 만든다. 이행 대상들은 삶에 필수적인 기능을 한다. 그것들은 아이에게 안전감을 전달한다. 그것들은 아이에게서 홀로임에 대한 두려움을 거둬간다. 그것들은 신뢰와 포근함을 창출한다. 이행 대상들 덕분에 아이는 천천히 성장하며 세계 안으로 들어온다. 그것들은 아동기 초기의 삶을 인정화하는 **첫 세계사물들**erste Weltdinge이다.

아이는 이행 대상과 매우 집약적이며 친밀한 관계를 맺는다. 이행 대상은 변화해도 안 되고 세탁되어도 안 된다. 그 무엇도 가까움의 경험을 깨뜨리지 말아야 한다. 사랑하는 대상이 없어지면 아이는 완전히 공황에 빠진다. 이행 대상은 온전히 아이의 소유이지만 어떤 의미에서 고유한 삶을 지녔다. 아이가 보기에 그 대상은 독립적이며 인격적인 상대Gegenüber다. 이행 대상들은 **대화적** 공간을 열고, 거기에서 아이는 **타자**와 마주친다.

스마트폰이 없어지면 우리는 완전한 공황에 빠진다. 또한 우리는 스마트폰과 친밀한 관계를 맺는다. 그래서 우리는 스마트폰을 타인의 손에 넘겨주기를 꺼린다. 그렇다면 스마트폰을 이행 대상으로, 디지털 곰 인형으로 간주할 수 있을까? 스마트폰은 나르시시즘적 대상이라는 사실이 벌써 이 생각을 반박한다. 이행 대상은 **타자**의 화신이다. 아이는 그 대상이 타인이기라도 한 것처럼 그 대상과 대화하고 몸을 비빈다. 스마트폰에 몸을 비비는 사람은 없다. 아무도 스마트폰을 딱히 상대로 지각하지 않는다. 또한 이행 대상과 달리 스마트폰은 대체 불가능한 충심의 사물이 아니다. 실제로 우리는 새 스마트폰을 자주 구매한다.

이행 대상을 가지고 하는 놀이는 예술을 비롯한 훗날의 창조적 활동과 유사하다. 그 놀이는 자유로운 놀이공간을 연다. 아이는 꿈꾸며 이행 대상 안으로 들어간다. 그 놀이는 아이의 상상을 자유롭게 풀어놓는다. 아이는 이행 대상에 상징들을 싣는다. 이행 대상은 농축되어, 아이의 꿈을 담은 그릇이 된다. 반면에 스마트폰은 우리를 자극의 홍수로 휩쓸고 상상을 억누른다. 이행 대상들은 **자극이 빈약**하다. 따라서 그것들은 주의注意를 강화하고 구조화한다. 스마트폰에서 발원하는 자극 홍수는 주의를 파편화한다. 스마트폰은 영혼을 불안정화한다. 대조적으로 이행 대상은 영혼을 안정시키는 작용을 한다.

이행 대상은 **타자와의 관계**를 창출한다. 반면에 우리가 스마트폰과 맺는 관계는 나르시시즘적이다. 스마트폰은 이른바 "자폐적 대상들autistische Objekten"과 여러모로 닮았다. 이것들을 나르시시즘적 대상이라고 부를 수도 있다. 이행 대상은 **부드럽다**. 아이는 그것에 몸을 밀착한다. 그러면서 아이 자신이 아니라 타자를 느낀다. 자폐적 대상은 **딱딱하다**. "대상의 딱딱함은 아이가 대상을 만지고 대상에 밀착할 때 대상보다 아이 자신을 더 많이 느낄 수 있게 만든다."[32] 자폐적 대상에는 **타자의 차원**이 없다. 그 대상은 상상을 촉진하지도 않는다. 자폐적 대상과의 관계는 창조적이지 않고 반복적이다. **반복성**과 **강제성**은 우리가 스마트폰과 맺는 관계의 특징이기도 하다.

자폐적 대상은 이행 대상과 마찬가지로 결여된 모범 인물의 대체물이지만 그 모범 인물을 **대상화한다**. 자폐적 대상은 모범 인물에게서 **다름**을 제거한다. "대상이 사람을 대체하고, 자율적으로 행위하는 사람과의 관계가 불가피하게 동반하는 가늠할 수 없는 부분과 늘 가능한 헤어짐을 회피하는 데, 심지어 더 급진적으로 타인을 아예 타인으로 지각하지 않는 데 노골적으로 기여하는 상황의 극단적인 예를 표현하기 위해서 우리는 '자폐적 대상'이라는 용어를 사용해왔다."[33] 스마트폰과 자폐적 대상은 간과할 수 없게 유사하다. 이행 대상과 달리 스마트폰은 **딱딱하다**. 스마트폰은 디지털 곰 인형이 아니다. 오히려 스마트폰은 나르시시즘적, 자폐적 대상이며, 사람들은 스마트폰에서 무엇보다도 먼저 **자기 자신을 느낀다**. 그리하여 스마트폰은 또한 공감을 파괴한다. 스마트폰을 수단으로 삼아 우리는 **타자의 가늠할 수 없음**을 막는 장벽으로 둘러싸인 나르시시즘적 영역 안으로 움츠러든다. 스마트폰은 타자를 대상화함으로써 **처분 가능하게** 만든다. 스마트폰은 '**너**'를 '**그것**'으로 만든다. 스마트폰이 우리를 외롭게 만드는 존재론적 이유는 다름 아니라 **타자의 사라짐** 때문이다. 오늘날 우리가 그야말로 강박적이고 과도하게 소통하는 것은 다름 아니라 우리가 외로우며 공허를 느끼기 때문이다. 그러나 이 과도소통은 공허를 채우지 못한다. 과도소통은 외로움을 심화할 따름이다. 왜냐하면 과도소통은 **타자의 지금 여기에 있음**을 결여하고 있기 때문이다.

셀피

아날로그 사진은 하나의 **사물**이다. 드물지 않게 우리는 아날로그 사진을 마치 충심의 사물처럼 공들여 보존한다. 아날로그 사진은 취약한 물질성을 지닌 탓에 늙고 퇴락한다. 아날로그 사진은 태어나고 죽음을 맞이한다. "[…] 살아 있는 유기체처럼 그것은 싹트는 은가루에서 태어나 한순간 꽃피고, 곧이어 늙는다. 그것은 빛과 습기의 공격으로 빛바래고 탈진하고 사라진다. […]"**34** 아날로그 사진은 피사체의 차원에서도 과거를 체현(신체화)한다verkörpern. 사진 찍힌 대상은 가차 없이 과거로 멀어진다. 아날로그 사진은 **애도한다**.

죽음과 부활의 드라마가 지배하는 롤랑 바르트의 사진 이론은 아날로그 사진에 대한 찬사로 읽힌다. 취약한 사물로서 사진은 비록 죽음에 내맡겨져 있지만 또한 동시에 부활의 매체다. 사진은 피사체에서 나온 광선들을 포획하여 은가루 속에 가둔다. 사진은 단지 죽은 것들을 기억 속으로 다시 불러내기만 하지 않는다. 오히려 사진은 그것들을 다시 **생동하게** 함으로써 **여기 있음 경험**을 가능케 한다. 사진은 "외형질Ektoplasma"(원형질의 외곽층—옮긴이), "피사체의" 마술적 "유출"[35], 신비로운 불멸의 연금술이다. "그리운 몸은 값비싼 금속인 은을 매개로 […] 불멸하게 된다. 이 금속이 연금술의 모든 금속처럼 살아 있다는 생각도 용인할 만하다."[36] 사진은 그리운 몸을 죽음 너머에서 사진을 보는 사람과 이어주는 탯줄이다. 사진은 그리운 몸이 부활하도록 돕고 그 몸을 죽음에 빠져 있음에서 구원한다. 따라서 사진은 "부활과 어떤 관련이" 있다.[37]

사진을 다루는 바르트의 저서 《밝은 방》의 바탕에 깔려 있는 것은 슬픔의 극복을 위한 과도한 노동이다. 그 책에서 바르트는 죽은 어머니를 끊임없이 불러낸다. 그 책에 실리지 않은 어머니의 사진 하나(거기에서 어머니는 부재를 통해 빛난다)에 대해서 그는 이렇게 쓴다. "겨울 온실에서 찍은 사진도 마찬가지다. 아무리 빛바랬더라도 나에게 그 사진은 어머니가 아이였을 때 어머니로부터 나온 광선들의 풍부한 출처다. 어머니의 머리카락, 피부, 옷, 눈빛에서 **그때, 그날에** 나온 광선들."**38** 이 인용문에서 바르트는 '사진PHOTOGRAPHIE'을 대문자로 쓴다. 마치 그 단어가 구원의 공식이요 부활의 암호이기라도 한 것처럼 말이다.

사진을 통해 강화되는, 인간 삶의 연약함에 대한 경험은 구원이 절실히 필요하다는 느낌으로 이어진다. 그래서 아감벤도 사진을 부활의 관념과 연결한다. 사진은 "영광스러운 몸에 관한 예언"**39**이다. 사진 찍힌 주체로부터 "침묵으로 부르는 소리"가, "구원의 요구"**40**가 나온다. "사진 찍힌 주체는 우리에게서 무언가를 바란다. […] 설령 사진 찍힌 사람이 오늘날 완전히 잊혔더라도, 또 그의 이름이 사람들의 기억에서 영영 지워졌더라도, 요컨대 그럼에도 불구하고, 아니 실은 바로 그렇기 때문에 그 사람은 […] 자신이 잊히지 않기를 바란다."**41** **사진이라는 천사**는 부활의 약속을 항상 갱신한다. 그 천사는 기억과 구원의 천사다. 그는 우리를 삶의 연약함 위로 들어올린다.

아날로그 사진은 대상에서 유래한 빛 흔적을 음화陰畫를 거쳐 종이에 옮겨놓는다. 본질적으로 아날로그 사진은 **빛그림**Lichtbild이다. 빛은 암실에서 다시 태어난다. 그러므로 아날로그 사진은 **밝은 방**이다. 반면에 디지털 매체는 광선을 데이터로, 곧 수들의 비율로 변환한다. 데이터는 **빛이 없다.** 데이터는 **밝지도 않고 어둡지도 않다.** 데이터는 삶의 **빛**을 차단한다. 디지털 매체는 대상이 빛을 매개로 사진과 맺는 마법적 관계를 찢어버린다. '아날로그'는 유사함을 뜻한다. 화학과 빛의 관계는 아날로그 관계다. 대상에서 유래한 광선들은 은가루에 담겨 보존된다. 반면에 빛과 숫자 사이에는 어떤 유사성도, 어떤 아날로지Analogie도 없다. 디지털 매체는 빛을 데이터로 **번역한다.** 그 과정에서 빛은 소실된다. 디지털 사진에서 연금술은 수학에 밀려난다. 디지털 사진은 사진을 탈마법화한다.

아날로그 사진은 "여기 있음의 증명"[42]이다. 그 사진은 "이러이러했음"[43]을 보여주는 증거를 내놓는다. 그 사진은 **실재와 사랑에 빠져 있다.** "사진에서 내가 유일하게 관심을 기울이는 것은 사진이 존재하는 무언가를 나에게 보여준다는 점, 내가 사진에서 더도 덜도 아니라 '이것이 존재한다!'를 본다는 점이다."[44] "이러이러했음"이 **사진의 진실**이라면, 디지털 사진은 **순수한 가상**假像이다. 디지털 사진은 **피사체의 유출이 아니라 제거다.** 그 사진은 대상과 집약적이고 밀접하고 리비도적인 방식으로 결합하지 않는다. 그 사진은 대상에 몰두하지 않으며 대상과 사랑에 빠지지 않는다. 그 사진은 대상을 **부르지** 않으며 대상과 **대화하지** 않는다. 그 사진의 바탕에는 일회적이며, 유일무이하고, 되돌릴 수 없는, 대상과의 마주침이 깔려 있지 않다. 보는 활동 자체가 장치에 위임된다. 디지털 보정의 가능성은 피사체와의 결합을 약화한다. 그 사후事後 가공은 **실재에 헌신하기**를 불가능하게 만든다. 피사체로부터 분리된 사진은 자기를 가리키게 된다. 인공지능은 새로운 확장된 현실을 발생시킨다. **존재하지 않는** 그 과도현실은 더는 현신과, 실재하는 피사체들과 상응하지 않는다. 디지털 사진은 과도현실적이다.

아날로그 사진은 기억 매체로서 **역사**를, **운명**을 이야기한다. **소설적인** 지평이 그 사진을 둘러싼다. "날짜는 사진의 일부다. […] 왜냐하면 삶, 죽음, 세대들의 불가피한 소멸을 숙고하게 하기 때문이다. 케르테스(헝가리 사진 작가─옮긴이)가 1931년에 촬영한 어린 학생 에르네스트는 지금도 살아 있을 **가능성이 있다**(하지만 어디에서 어떻게 살까? 이건 대단한 소설이다!)"[45] 디지털 사진은 **소설적이지 않고 일화적이다.** 스마트폰은 전혀 다른 시간성을 지닌 사진, 시간적 깊이와 소설적 너비가 없는 사진, 운명과 기억이 없는 사진, 요컨대 **순간 사진**Augenblicksfotographie의 발생을 허용한다.

발터 벤야민은 사진에서 전시 가치가 제의Kult 가치를 점점 더 밀어낸다고 지적한다. 그러나 제의 가치는 순순히 사진에서 퇴각하지 않는다. "인간의 얼굴"은 제의 가치의 마지막 보루다. 그리하여 초상이 초기 사진의 중심을 차지한다. 제의 가치는 "멀리 있거나 사망한 친지에 대한 기억 제의" 안에서 생명을 이어간다. "인간 얼굴의 덧없는 표정"은 "그 무엇과도 비교할 수 없는 우울한 아름다움"을 사진에 부여하는 저 아우라Aura를 낳는다.[46]

인간의 얼굴은 셀피의 형태로 다시 사진을 정복하고 있다. 셀피는 인간의 얼굴을 **페이스**Face로 만든다. **페이스북**을 비롯한 디지털 플랫폼은 페이스를 전시한다. 아날로그 초상 사진과 반대로, 셀피는 전시 가치를 터져나갈 지경으로 한가득 싣고 있다. 제의 가치는 셀피에서 완전히 사라진다. 셀피는 전시된, 아우라 없는 얼굴이다. 셀피에는 저 "우울한" 아름다움이 없다. 셀피의 특징은 **디지털 기쁨**이다.

셀피의 본질을 나르시시즘으로 요약할 수는 없다. 셀피의 새로움은 셀피의 **존재 지위**와 관련이 있다. 셀피는 **사물**이 아니라 **정보** 곧 **반사물**이다. 사진에 대해서도 이렇게 말할 수 있다. '반사물이 사물을 밀어낸다.' 스마트폰은 **사진 사물**을 소멸시킨다. 셀피는 정보로서 오로지 디지털 소통 안에서만 유효하다. 기억, 운명, 역사도 사진 사물과 함께 소멸된다.

바르트의 어머니 사진은 사물, 심지어 충심의 사물이

다. 그 사진은 어머니 본인의 순수한 표현이다. 그 사진은 어머니**이다**. 그 사진에서 어머니는 **사물적으로** 지금 여기 있다. 그 사진은 어머니의 여기 있음을 **체현한다**. 충심의 사물로서 그 사진은 소통으로부터 완전히 동떨어진 곳에 머물러 있다. 만약에 전시된다면, 그 사진은 파괴될 것이다. 정확히 이것이 바르트가 그 사진을 꾸준히 언급하면서도 저서에 싣지 않은 이유다. 그 사진의 본질은 **비밀**이다. 비밀을 뜻하는 라틴어 '아르카눔arcanum'은 상자 Schachtel(라틴어로 '아르카arca')와 관련이 있다. 바르트의 어머니 사진은 상자 안에, 정말이지 **장난**Schabernack 안에 비밀처럼 보존된다. 타인들에게 보여주는 순간, 그 사진은 고유한 마법을 완전히 잃는다. 그 사진의 **소유자**는 오로지 **자기를 위하여** 그것을 보존한다. 이 **자기를—위함**Für-sich은 셀피와 디지털 사진에는 본질적으로 낯설다. 이것들은 시각적 메시지요 **정보**다. 셀피 촬영은 소통 행위다. 따라서 셀피는 타인의 바라봄에 노출**되어야** 하고 공유**되어야 한다**. 셀피의 본질은 **전시**다. 반면에 바르트의 어머니 사진을 돋보이게 하는 특징은 **비밀**이다.

셀피는 보존되기 위해 촬영되지 않는다. 셀피는 기억 매체가 아니다. 따라서 사람들은 셀피를 인화하지도 않는다. 모든 정보가 그렇듯이, 셀피는 현재성에 매여 있다. **반복**은 무의미하다. 사람들은 셀피를 단 한 번만 주목한다. 그후 셀피의 존재 지위는 전화 자동응답기에 녹음된, 이미 아는 소식과 유사하다. 디지털 이미지 소통은 셀피를 탈사물화하여 순수한 정보로 만든다. 디지털 사진들을 전송 후 몇 초 만에 삭제하는 메신저 앱 스냅챗Snapchat은 그것들의 본질에 더없이 적합하게 작동하는 것이다. 그것들은 구어口語 메시지와 같은 시간성을 지녔다. 우리가 스마트폰으로 촬영하는 다른 사진들도 정보처럼 취급된다. 그 사진들은 사물적인 면모가 더는 없다. 그것들의 존재 지위는 아날로그 사진의 존재 지위와 근본적으로 다르다. 아날로그 사진은 반사물적 순간 사진보다 사물적 기념비에 더 가깝다.

스냅챗은 디지털 **순간 소통**을 완성한다. 그 메신저는 디지털 시간을 가장 순수한 형태로 체현한다. **오로지 순간이 중요하다.** 스냅챗의 "스토리Story"도 참된 의미의 **이야기**Geschichte가 아니다. 그 스토리는 서사적이지 않고 가산적이다. 그 스토리는 순간 사진들을 늘어놓은 것이 전부다. 디지털 시간은 파열하여 한낱 현재 점들의 계열이 된다. 디지털 시간에는 어떤 **서사적 연속성**도 없다. 그리하여 디지털 시간은 삶 자체를 덧없게 만든다. 디지털 대상들은 **거주**(하염없이 머무르기)Verweilen를 허용하지 않는다. 이런 점에서 그것들은 사물과 다르다.

셀피에서 두드러지게 눈에 띄는 것은 놀이의 성격이다. 디지털 소통은 놀이의 특징들을 드러낸다. **포노 사피엔스**는 소통이 자신의 놀이터임을 발견하는 중이다. 그는 호모 파베르(제작하는 인간)보다 호모 루덴스(놀이하는 인간)에 더 가깝다. 순수한 문어文語 소통과 비교할 때 디지털 사진으로 하는 이미지 소통은 놀이와 구경에 훨씬 더 적합하다.

셀피는 일차적으로 메시지이기 때문에 **수다스런** 경향이 있다. 그리하여 셀피를 지배하는 또 하나의 특징은 극단적인 자세들이다. 반면에 아날로그 초상 사진은 대개 **고요하다**. 그 사진은 주목을 구걸하지 않는다. 바로 이 **고요함**이 아날로그 초상 사진에 표현력을 부여한다. 셀피는 요란하지만 표현이 빈곤하다. 과장된 표현 때문에 셀피는 가면처럼 느껴진다. 디지털 이미지 소통이 인간의 얼굴을 침범함에 따라 여러 귀결이 발생한다. 그 침범은 인간의 얼굴이 **상품의 형태를 띠게** 만든다. 벤야민이라면 인간의 얼굴이 마침내 **아우라**를 상실하는 중이라고 말할 것이다.

아날로그 초상 사진은 일종의 **정물화**Stillleben(독일어 원어를 글자 그대로 옮기면 '고요한 삶'이 된다—옮긴이)다. 그 사진은 인물을 표현해야 한다. 따라서 카메라 앞에서 우리는 사진과 우리 자신을 일치시키기 위하여, 우리 자신의 내적 이미지에 접근하고 그 이미지를 더듬어 찾아내기 위하여 매우 공을 들인다. 우리는 움직임을 멈춘다. 우리는 내면을 향한다. 그래서 아날로그 초상 사진은 흔히 진지한 인상을 풍긴다. 자세도 조심스럽다. 반면에 셀피는 인물의 증거가 아니다. '오리 얼굴duckface'(오리 부리처럼 입술을 모아 쭉 내민 표정—옮긴이)처럼 표준화된 표정들은 인물의 표현을 애당초 전혀 허용하지 않는다. 혀를 쑥 내밀고 눈을 꼭 감으면 모든 사람이 같은 모습이다. 우리는 **우리 자신을 내보인다**(생산한다)produzieren. 즉, 우리 자신을 다양한 자세와 역할로 **연출한다**.

셀피는 운명과 역사를 짊어진 인간의 소멸을 통고한다. 셀피는 장난스럽게 순간에 빠져드는 삶꼴을 표현한다. **셀피는 슬퍼하지 않는다**. 죽음과 과거는 셀피에게 근본적으로 낯설다. 온라인에서 숱하게 검색되는 장례식 셀피들은 슬픔의 부재를 보여준다. 사진 속 인물은 관 옆에서 카메라를 향해 유쾌하게 히죽거린다. 히죽거리는 '**나는 존재한다**'가 죽음을 향해 던져진다. 하지만 그것을 '**슬픔의 극복을 위한 디지털 노동**'이라고 부를 수도 있을 것이다.

인공지능

생각하기는 심층적인 수준에서 보면 확실히 **아날로그** 과정이다. 생각하기가 세계를 개념들로 파악하기에 앞서, 세계가 생각하기를 **움켜쥔다**. 즉, 세계가 생각하기를 **자극한다**affizieren. **피자극성**(감정성)das Affektive은 인간의 생각하기에 본질적이다. **이미지 앞에서 최초로 발생하는 생각은 소름이다.** 인공지능은 소름이 돋지 않는다. 벌써 이것 때문에만도 인공지능은 생각할 수 없다. 인공지능에는 감정적-아날로그적 차원이, **움켜쥐어졌음**(감동)Ergriffenheit이 없다. 데이터와 정보는 움켜쥐어졌음을 획득할 수 없다.

생각하기는 개념들, 표상들, 정보들보다 앞에 놓인 **전체**Ganzheit를 출발점으로 삼는다. 생각하기는 애당초 한 "경험장Erfahrungs*feld*"**⁴⁷** 안에서 움직이며, **그다음에** 그 경험장 안에서 등장하는 대상들과 사실들을 특정하여 향한다. 생각하기가 적용되는 전체 안의 존재자는 우선 기분 Stimmung을 비롯한 **감정적**(파자극성) 매체 안에서 열려 있다. "기분은 세계-안에-있음을 언젠가 이미 전체로서 열어놓았으며 무언가를 향함을 비로소 가능하게 만든다."[48] 생각하기가 무언가를 향하기에 앞서, 생각하기는 이미 근본기분Grundstimmung 안에 **처處해 있다**. 이 **처해 있음**이 인간의 생각하기를 구별 짓는 특징이다. 기분은 객관적 세계를 향해 출발하는 주관적 상태가 아니다. 기분은 세계**이다**. 생각하기는 근본기분 안에서 이미 열린 세계를 나중에 개념들로 명확히 발설한다.

움켜쥐어졌음은 개념화에, 개념들을 다루는 노동에 선행한다. "우리는 철학하기를 현존재의 본질적 움켜쥐어졌음에서 유래한 개념화하는 질문하기로 규정했다. 그런데 그런 움켜쥐어졌음은 현존재의 근본기분에서 비롯될 때만, 또 그 근본기분 안에서만 가능하다."[49] 근본기분이 비로소 생각하게 한다(생각할 거리를 준다)geben zu denken. "모든 본질적인 생각하기는 생각들과 문장들이 매번 새롭게 마치 광석처럼 근본기분에서 채굴될 것을 요구한다."[50]

"현존재"로서 인간은 항상 이미 특정한bestimmt(기분이 정해진) 세계 안에 던져져 있다. 그에게 세계는 전체로서 숙고에 앞서 열려 있다. '기분에 처해 있음Gestimmt-sein'으로서의 현존재는 '의식 있음Bewusst-sein'에 선행한다. 애초의 움켜쥐어졌음에서 생각하기는 말하자면 **자기 바깥에** 있다. 근본기분은 생각하기를 **바깥으로** 옮겨놓는다. 인공지능은 생각하지 못한다. 왜냐하면 인공지능은 절대로 **자기 바깥에** 있지 않기 때문이다. **정신**Geist은 원래 '**자기 바깥에 있음**' 혹은 '**움켜쥐어졌음**'을 뜻한다. 인공지능은 아주 **빠르게 계산**할지는 몰라도 **정신**이 없다. 계산을 위해서라면 움켜쥐어졌음(감동)은 방해물일 따름이다.

아날로그란 '들어맞는entsprechend'을 뜻한다. 생각하기는 아날로그 과정으로서 한 **목소리**Stimme에 **들어맞는다**. 그 목소리는 생각하기를 특정하고(**기분을** 정하고be-stimmen) 두루 조율한다(속속들이 **기분을 정한다**durch-stimmen). 이 존재자나 저 존재자가 아니라 무릇 존재자가, **존재자의 존재**가 생각하기에게 말을 건다. 하이데거가 펼치는 기분의 현상학은 인간의 생각하기와 인공지능의 근본적인 차이를 생생하게 보여준다. 《철학이란 무엇인가?》에서 하이데거는 이렇게 쓴다. "들어맞기(마주 말하기Ent-sprechen)는 말 건네는 목소리를 경청한다. 존재의 목소리로서 우리에게 말 건네는 놈은 우리의 들어맞기를 특정한다(**기분을 정한다**be-stimmen). 그렇다면 '들어맞음'이란 특정되어(기분이 정해져) 있음, 처분되어 있음être disposé을 뜻한다. 즉, 출발점인 존재자의 존재에 의해 특정되어 있음, 처분되어 있음을 뜻한다. […] 들어맞음은 단지 우연적이고 때때로인 것이 아니라 필연적이고 항시적이다. 들어맞음은 조율되어 있다. 들어맞음은 기분에 처해 있음(조율되어 있음)Gestimmtheit 안에 있다. 그리고 그 조율되어 있음(기분 disposition) 때문에 비로소 들어맞음의 말하기는 정확성을, 특정성(기분이 정해져 있음)을 받는다."**51** 생각하기는 **듣는다.** 아니, **귀 기울이고 경청한다.** 인공지능은 귀머거리다. 귀머거리는 저 "목소리"를 듣지 못한다.

하이데거에 따르면, "정말로 생동하는 철학하기의 시작은" "우리를 기반에서부터 속속들이 조율하는" "근본기분을 깨우기"다.**52** 근본기분은 단어들과 개념들을 모아들이는 중력이다. 근본기분이 없으면, 생각하기는 **정리하는 틀**을 갖지 못한다. "근본기분이 생겨나지 않으면, 모든 것은 개념들과 단어 껍질들의 강제된 덜그럭거림이다."**53** 한 근본기분 안에서 주어지는 감정적affektiv **전체성** Ganzheit은 생각하기의 **아날로그** 차원이다. 인공지능은 이 차원을 모방하지 못한다.

하이데거에 따르면, 철학의 역사는 근본기분 Grund*stimmung*의 역사다. 예컨대 데카르트의 사상은 의심에 의해 규정되는be*stimmen* 반면, 플라톤의 사상은 경탄에 의해 속속들이 조율된다druch*stimmen*. 데카르트가 말하는 **코기토**의 바탕에는 의심이라는 근본기분이 놓여 있다. 하이데거는 근대 초기의 **기분상**像, Stimmungsbild을 이렇게 그린다. "그[데카르트]에게 의심은 기분이 되고, 그 기분 안에서 조율되어 있음은 확실한 존재자를 향해 도약한다. 확실성은 존재자로서의 존재자를 확고히 하기가 되는데, 이 확고히 하기는 인간의 자아에게 '코기토 (에르고) 숨cogito (ergo) sum'(내가 생각한다. (고로) 내가 존재한다)이 의심 불가능하다는 것의 결과로 발생한다. [⋯] 절대적으로 확실한 인식에 언제든지 도달할 수 있다는 낙관의 기분은 근대 초기 철학의 열정pathos으로, 따라서 원리arche로 남는다."[54] **열정**은 생각하기의 시작이다. 인공지능은 **무감**하다. **열정**이 없고, **격정**Leidenschaft이 없다. 인공지능은 **계산한다**.

인공지능은 **지평**Horizont에 다가가지 못한다. 지평은 윤곽이 뚜렷하다기보다 **어렴풋이 짐작된다**. 하지만 이 "짐작"은 "앎의 계단에서 초보 단계가" 아니다. 오히려 이 짐작에서 "모든 알 수 있는 것을 숨기는, 즉 은폐하는 홀Halle이 열린다."[55] 하이데거는 짐작을 충심衷心, Herz에 위치시킨다. 인공지능은 충심이 없다. 충심으로 생각하기는 개념들을 다루기 전에 **공간들**을 가늠하고 더듬는다. 이런 점에서 그 생각하기는 **공간들**을 필요로 하지 않는 계산하기와 구별된다. "이 '충심으로' 알기가 짐작하기라면, 우리는 절대로 이 짐작하기를 불명확하게 번지는 '속으로 가리키기Meinen'(객관화 없이 속으로만 견해를 품기 ― 옮긴이)로 간주하지 말아야 한다. 이 짐작하기는 고유의 밝음과 결연함을 지녔으며 그럼에도 계산하는 지성의 자기확신과는 근본적으로 다르다."[56]

하이데거에 따르면, 생각하기가 출발점으로 삼는 저 **전체**가 인공지능에게는 폐쇄되어 있고, 그런 한에서 인공지능은 생각할 능력이 없다. 인공지능은 **세계가 없다**weltlos. **의미 지평**으로서의 전체는 인공지능이 따르는 목표들보다 더 많은 것을 포괄한다. 생각하기는 인공지능의 작동과 전혀 다르게 진행한다. 전체가 애초의 **틀**Rahmen을 형성하고, 그 틀로부터 사실들이 형성된다. 기분의 교체는 틀의 교체로서, 새로운 사실들을 산출하는 패러다임 교체와 유사하다.[57] 반면에 인공지능은 **앞에 주어져 있는** 사실들, **자신들과 같게 머무는** 사실들을 처리한다. 인공지능은 자신에게 새로운 사실들을 주지 못한다.

빅데이터는 절대적인 앎인 듯한 인상을 풍긴다. 사물들은 은밀한 상관관계를 누설한다. 모든 것이 계산 가능하고, 예측 가능하고, 조종 가능하게 된다. 전혀 새로운 앎의 시대가 예고된다. 그러나 우리가 실제로 목격하는 것은 정말로 저급한 앎꼴Wissensform이다. '데이터 마이닝 data mining'은 상관관계를 발굴한다. 헤겔의 논리학에 따르면, 상관관계는 가장 낮은 앎꼴이다. A와 B 사이의 상관관계는 다음을 뜻한다. 'A와 B가 함께 일어닐 때가 많다.' 상관관계를 알 때 우리는 **왜** 사정이 그러한지 알지 못한다. **그냥 그러할** 따름이다. 상관관계는 개연성을 알려줄 뿐, 필연성을 알려주지 않는다. 상관관계는 필연성의 근거를 제공하는 인과관계('A가 B를 일으킨다')와 구별된다. 그다음 단계의 앎은 상호작용이다. 즉 'A와 B가 서로를 일으킨다'는 것이다. 이 단계에서 A와 B 사이의 필연적 연관이 확립된다. 그러나 이 앎의 단계에서는 그 연관이 아직 **파악되지**begreifen 못한다. "주어진 내용을 한낱 상호작용의 관점에서 고찰하는 것에 머무르면, 이것은 실은 전혀 개념 없는 행동이다."**58**

"개념"이 비로소 A와 B 사이의 연관을 파악한다. 개념은 A와 B를 포괄하는(품어 붙잡는)ein-begreifen C다. A와 B의 연관이 C를 매개로 **개념화된다**. 개념은 A와 B를 포괄하고 둘의 관계를 명확히 하는 **틀**을, **전체**를 이룬다. A와 B는 단지 "더 높은 제삼자의 계기들"이다. 진정한 의미의 앎은 개념의 수준에서 비로소 가능하다. "개념은 사물들에 내재하는 것이며, 그것을 통하여 그 사물들은 바로 그 사물들이다. 따라서 대상을 파악(개념화)한다 함은 대상의 개념을 의식하게 된다는 것이다."[59] 모든 것을 포괄하는 **개념** C로부터 비로소 A와 B의 연관이 완전히 파악된다. 실재가 개념에 의해 파악됨으로써, 실재 자체가 앎 안으로 운반된다.

빅데이터는 초보적인 앎을 제공한다. 그 앎은 상관관계와 패턴 인식에 국한된 채로 머물며 아무것도 **개념화하지** 못한다. 개념은 **전체**이며, 그 전체는 자신의 계기들을 자기 안에 포함하고(품어 맺고ein-*schließen*) 포괄한다(품어 붙잡는다ein-*begreifen*). 전체는 맺음 형식이다. 개념은 맺음(추론) Schluß이다. "모든 것은 맺음이다"라는 말은 "모든 것은 개념이다"[60]라는 뜻이다. 이성도 맺음이다. "모든 이성적인 것은 맺음이다." 빅데이터는 **가산적**加算的이다. 가산적인 것은 전체를, 맺음을 형성하지 못한다. 그것에게는 개념이 결여되어 있다. 바꿔 말해, 부분들을 전체로 함께 **맺는** zusammen*schließen* 붙잡음이 결여되어 있다. 인공지능은 개념 수준의 앎에 결코 도달하지 못한다. 인공지능은 자신이 계산하는 결과를 **개념화**하지 못한다. 계산하기는 개념을 구성하지 못하며 한 맺음에서 다음 맺음으로 나아가지 못한다는 점에서 생각하기와 구별된다.

인공지능은 과거로부터 배운다. 인공지능이 예측하는 미래는 진정한 의미의 미래가 아니다. 인공지능은 **사건맹**事件盲, ereignisblind이다. 반면에 생각하기는 사건의 성격을 띤다. 생각하기는 **전혀 다른** 무언가를 세계 안에 놓는다. 인공지능에게 결여된 것은 다름 이니라 확실한 의미의 **새로움**이 시작되게 하는 **단절의 부정성**이다. 인공지능은 궁극적으로 같음을 이어간다. '지능Interlligenz'은 '[여러 선택지] 중에서 **선택하기**inter-legere'를 뜻한다. 인공지능은 **미리 주어진** 선택지들 중에서 선택하되, 단 하나의 선택만 한다. 그 선택은 궁극적으로 1과 0 중에 하나를 고르는 것이다. 인공지능은 미리 주어진 것에서 벗어나 **다녀보지 않은 곳**으로 가지 못한다.

진정한 의미의 생각하기는 **새로운 세계**를 만들어낸다. 그 생각하기는 **전혀 다른 것**을 향해, 어딘가 **다른 곳**을 향해 이동 중이다. "생각하기의 단어는 이미지가 빈곤하고 자극이 없다. […] 그럼에도 생각하기는 세계를 변화시킨다. 생각하기는 세계를 매번 더 어두워지는 수수께끼의 깊은 우물 속으로 변화시킨다. 그 우물 속은 더 어둡지만 더 높은 밝음을 약속한다."**61** 기계 지능은 수수께끼의 어둡고 깊은 우물 속에 도달하지 못한다. 정보와 데이터는 깊이를 보유하지 못한다. 인간의 생각하기는 계산과 문제 풀이 그 이상이다. 인간의 생각하기는 세계를 더 **환하고 밝게** 만든다. 인간의 생각하기는 **전혀 다른 세계**를 만들어 낸다. 기계 지능은 무엇보다도 다음과 같은 위험을 초래한다. 즉, 인간의 생각하기가 기계 지능에 동화되어 **그 자신도 기계적으로** 될 위험이 있다.

생각하기는 에로스를 먹고 산다. 플라톤 철학에서 로고스와 에로스는 밀접한 관련이 있다. 에로스는 생각하기의 가능조건이다. 하이데거도 이 같은 플라톤의 생각에 동의한다. 다녀본 적 없는 곳으로 가는 생각하기에게 에로스가 날개를 달아준다. "나는 그를 에로스라고 부른다. 파르메니데스의 말에 따르면 에로스는 신들 가운데 가장 오래된 신이야. 내가 생각하면서 본질적인 한 걸음을 내디뎌 다닌 적 없는 곳으로 과감히 나아갈 때면 언제나 그 신의 날갯짓이 나를 쓰다듬지."[62] 계산하기는 에로스가 없다. 데이터와 정보는 **유혹하지** 않는다.

들뢰즈에 따르면 철학은 "바보처럼 굴기"에서 시작된다.[63] 지능이 아니라 바보짓이 생각하기의 특징이다. 새로운 문구, 새로운 생각, 새로운 언어를 만들어내는 모든 철학자는 바보다. 그는 **기존의** 모든 것과 결별한다. 그는 저 **순결한, 아직 아무것도 적히지 않은,** 생각하기의 **내재**

층Immanenzebene에 거주한다. 생각하기는 "바보처럼 굴기"를 통해 전혀 다른 곳, 다닌 적 없는 곳으로의 도약을 감행한다. 철학의 역사는 바보짓들의 역사, 바보 같은 도약들의 역사다. "옛날 바보는 자력으로 도달하게 될 확실한 것을 원했다. 그때까지 그는 모든 것을 의심할 것이었다. […] 새로운 바보는 아예 어떤 확실한 것도 원하지 않는다. […] 그는 부조리를 원한다―이것은 전혀 다른 사유 상像이다."[64] 인공지능은 생각할 능력이 없다. 인공지능은 "바보처럼 굴" 능력이 없기 때문이다. **인공지능은 너무 지능적이어서 바보일 수 없다.**

사물의 면모들

이 얼마나 경탄할 만한 굴종인가! 사물들이 그림들처럼 고분고분하다. 말 그대로 그림들처럼! 이제 사물은 사람들을 전혀 동요시키지 않는다. **그리하여 사람들은 사물을 곁눈질로도 주목하지 않는다.**

– 프랑시스 퐁주[65]

무엇보다도 먼저 사물은 타자, 철저한 타자다. 그 타자가 법을 불러주거나 쓴다. […] 내가 복종해야 하는, 무한하고 만족할 줄 모르는 방식으로 독재적인 명령[…]

– 자크 데리다[66]

사물의 심술

애니메이션 시리즈 〈미키마우스〉는 오랜 세월에 걸쳐 사물적 실재를 다양한 모습으로 표현한다.[67] 초기 에피소드들에서 사물들은 몹시 음흉하게 군다. 그 사물들은 고유한 삶을 살면서 고집까지 부리는, 예측 불가능한 행위자로 등장한다. 주인공은 끊임없이 사물들과 맞붙어 싸운다. 사물들은 그를 온갖 방향으로 휙휙 내던지고 즐겁게 학대한다. 사물들 근처에 머무는 것은 안전하지 않다. 문짝, 의자, 접이식 침대, 옷장, 또는 자동차가 언제라도 위험한 대상이나 함정으로 돌변할 수 있다. 기계 장치는 자신의 사악한 면모를 유감없이 드러낸다. 도처에서 부딪치고 부서지는 소음이 난다. 주인공은 사물들의 횡포와 예측 불가능성에 완전히 내맡겨져 있다. 사물들은 늘 절망을 안겨준다. 이 애니메이션 시리즈는 재미있는데, 그 재미의 큰 부분은 **사물들의 심술**에서 나온다.

찰리 채플린도 초기 영화들에서 사물들의 심술에 무방비로 내맡겨진다. 사물들은 그의 주위로 날아다니고 그의 앞을 가로막는다. 상황의 희극성은 사물들과의 맞대결에서 나온다. 사물들은 기능 맥락에서 뛰쳐나와 고유한 삶을 꾸려간다. 영화는 사물들의 무정부 상태를 보여준다. 예컨대 〈전당포〉에서 채플린은 전당포 주인으로서 마치 사람의 몸을 검진하듯이 자명종 시계를 청진기와 망치로 검사한 다음에 수동 드릴과 깡통 따개로 연다. 분해된 시계의 기계 부품들은 마치 살아 있기라도 한 것처럼 독립하여 움직인다.[68]

사물들의 심술은 필시 과거의 일이다. 우리는 이제 더는 사물들에게 괴롭힘당하지 않는다. 사물들은 파괴적이고 저항적으로 행동하지 않는다. 사물들은 위협적인 가시를 잃는다. 우리는 사물들의 다름이나 낯섦을 지각하지 않는다. 그리하여 **실재감**Wirklichkeitsgefühl이 약해진다. 특히 디지털화는 세계를 탈사물화함으로써 세계의 탈실재화를 심화한다. 사물은 "철저한 타자"(le tout autre)이며 우리에게 자신의 "법"을 불러주고, 우리는 그 법에 복종해야 한다는 데리다의 언급은 어느새 의아하게 들린다. 오늘날 사물들은 철저히 복종한다. 그것들은 우리의 욕구에 종속된다.

지금은 미키마우스도 스마트하고 반사물적인 디지털 삶을 영위한다. 그의 세계는 디지털화되고 정보화된다. 새로운 시리즈 〈미키마우스 클럽하우스〉에서 사물적 실재는 전혀 다르게 묘사된다. 사물들은 갑자기 고유의 삶을 잃고 문제 해결을 위한 순응적 도구가 된다. 삶 자체가 문제 풀이로 간주된다. 사물과의 관계는 분쟁의 성격을 완전히 잃는다. 이제 사물들은 반항적인 행위자로 등장하지 않는다.

예컨대 미키와 친구들이 함정에 빠진다. 그들은 "오, 투들스Toodles"라고 외치고, 그것으로 충분하다. 그러자 둥근 스마트폰처럼 생긴 "핸디 댄디 머신Handy Dandy Machine"이 나타난다. 그 장치는 화면으로 네 개의 "협력 아이템"을 보여준다. 미키와 친구들은 문제 해결을 위하여 아이템 하나를 고를 수 있다. 핸디 댄디 머신은 모든 각각의 문제에 대하여 해결책을 가지고 있다. 주인공은 더는 사물적 실재와 맞부딪치지 않는다. 그는 사물들의 저항에 직면하지 않는다. 이처럼, 처리할 수 있다는 생각이 아이들에게 흠뻑 주입된다. 모든 것에 대하여 신속한 해법이(옳거니, 바로 앱이) 존재한다는 생각, 삶 자체가 다름 아니라 문제 풀이라는 생각이 말이다.

사물의 등

신드바드는 배를 타고 가다가 난파를 당한다. 그는 일행과 함께 작은 섬에 도달하여 목숨을 건지는데, 그가 보기에 그 섬은 천국의 정원 같다. 그들은 즐겁게 돌아다니고 사냥한다. 그들이 사냥물을 구우려고 불을 피우자, 갑자기 바다이 구부러진다. 나무들이 요란한 소리를 내며 꺾인다. 그 섬은 실은 거대한 물고기의 등이었다. 그 물고기는 아주 오랫동안 가만히 있었고, 그 결과로 물고기 등에 비옥한 토양층이 형성되었던 것이다. 신드바드 일행이 피운 불의 열기가 물고기를 움직이게 했다. 물고기는 깊이 잠수한다. 신드바드와 일행은 바다로 내동댕이쳐진다. 에른스트 블로흐는 이 설화가 우리와 사물들 사이의 관계를 우회적으로 서술한다고 해석한다. 그는 우리가 사물들을 도구로 대하는 것에 반대한다. 그는 인간 문화를 "사물들의 등"에 얹혀 있는 아주 연약한 시설로 본다. 우리는 사물들의 "앞면 혹은 윗면만, 사물들의 기술적 친절함과 우호적 통합만" 익히 안다. 그러나 우리는 사물들의 "밑면"도 보지 못하고 "사물 전체를 둘러싸고 띄우는" 원소도 보지 못한다.[69]

블로흐는 사물들의 친절함이 우리 쪽으로 놓인 앞면에 불과할 가능성을, 사물들이 실은—단지 경계벽을 부수고 인간 세계에 침입했을 따름인—다른 세계에 속해 있을 가능성을 고려한다. 사물들의 친절함 뒤에는 비합리적인 고유의 삶이 있고, 그 고유의 삶이 인간의 의도들을 가로막는다고 그는 추측한다. 그렇다면 우리는 우리 자신의 집 안에서 주인이 아니다. "화덕 안의 불은 우리가 곁에 없더라도 열을 낸다. 따라서 필시 우리가 없는 동안에도 불은 따뜻해진 방 안에서 타올랐을 것이라고 사람들은 말한다. 그러나 이것은 확실하지 않다. 불이 앞서 무엇을 했는지, 우리기 밖에 있는 동안 가구들이 무엇을 했는지 알 수 없다. 이에 관한 추측은 어떤 것도 증명될 수 없다. 또한 매우 환상적인 추측을 비롯한 그 어떤 추측도 반박될 수 없다. 암, 그렇고말고. 테이블 위에서 생쥐들이 빙빙 돌며 춤췄을까? 그러는 동안에 테이블은 무엇을 했을까? 혹은 테이블은 무엇이었을까? 우리가 돌아왔을 때 모든 것이 '어떤 일도 없었던 것처럼' 다시 제자리에 있다는 점, 바로 그 점이 가장 섬뜩할 수도 있다. […] 일찍부터 많은 이들은 우리가 사물들을 보는 동안에만 사물들이 보이는 것을 오싹한 일로 느꼈다."[70] 어쩌면 우리는 우리 안에 깊이 자리 잡은 저 불안, 곧 우리가 없을 때 사물들이 난동을 부릴 수도 있다는 불안에 맞서기 위해 사물 인터넷을 수단으로 삼을 것이다. 정보권은 사물들을 속박한다. 사물 인터넷은 사물들의 감옥이다. 사물 인터넷은 사물들을 통제하여 우리의 욕구를 친절하게 충족시키는 놈들로 만든다.

과거에 사람들은 사물들에게 명백히 더 많은 독립성을 허용했다. 철학자 프리드리히 테오도어 피셔의 크게 성공한 소설 〈또 한 명Auch Einer〉(1878)에서 사물들은 난동을 부린다. 주인공은 "사물의 심술Tücke des Objekts"이 끊임없이 자신을 위협한다고 느낀다. 사물들은 그를 본격적으로 괴롭힌다. 그는 사물들을 상대로 전쟁을 벌인다. 그는 가끔 사물들을 처형함으로써 복수한다. "날이 밝을 때부터 깊은 밤까지, 인간이 근처에 있는 한, 그 사물은 나쁜 짓을, 심술을 궁리한다. 과감히 우리 안으로 들어간 조련사가 야수를 상대하듯이 그 사물을 상대해야 한다. 조련사는 야수의 눈에서 시선을 돌리지 않고, 야수도 조련사의 눈에서 시선을 돌리지 않는다. [⋯] 그렇게 모든 사물이, 연필, 펜, 잉크 병, 종이, 권련, 유리컵, 전등이—모든 것이 전부 다 사람이 주의를 기울이지 않는 순간을 노린다. [⋯] 그리고 자신이 관찰되고 있지 않음을 알아채는 순간 곧바로 호랑이가 격렬한 도약으로 불운한 사냥감을 덮치듯이, 그 괘씸하기 짝이 없는 사물도 그렇게 한다."[71]

과거의 문학작품에서 사물은 드물지 않게 고유한 의지를 지닌 주체처럼 행위한다. 조지프 애디슨의 〈실링 동전의 모험Adventures of a Shilling〉(1710)이나 제임스 페니모어

쿠퍼의 〈손수건의 자서전〉(1843) 같은 이야기들은 오늘날 전혀 생각할 수조차 없을 것이다. 이 작품들에서는 사물이 주인공으로서 자신이 살아온 역사를 이야기한다. 20세기 문학작품 속의 많은 인물은 아직 사물의 고유한 삶과 대결한다. 그들의 모습에서는 근대라는 프로젝트, 곧 사물들을 완전히 처분 가능하게 만들고 도구화하는 프로젝트가 아직 뚜렷한 균열을 드러낸다. 지각은 사물을 투과하여 **밑면과 뒷면에** 도달한다.

예컨대 로베르트 무질의 퇴를레스(무질이 쓴 소설 《생도 퇴를레스의 혼란》의 주인공―옮긴이)는 "생명 없는 사물들, 한낱 대상들에게도, 때로는 침묵하며 질문하는 100개의 눈에게 습격당하는 것처럼 습격당하는" "수수께끼 같은 특성"을 지녔다.[72] 사물들이 그를 **빤히 바라본다.** 별것 아닌 사물들이 마치 말하기라도 하는 것처럼 그에게 영향을 미친다. 세계는 "소리 없는 목소리들lautlose Stimmen로 가득 차 있다."[73] 그 시절에는 **바라봄으로서의 타자, 목소리로서의 타자**가 늘 함께 있었다. 사르트르도 **사물들에 의해 건드려진다는 것**이 무엇인지를 아직 익히 안다. 《구토》의 주인공은 자꾸 사물들과 **접촉하게** 되고, 이 때문에 소스라치게 당황한다. "물건들, 그건 사람을 건드리면 안 돼. 그건 살아 있지 않잖아. 사람이 물건들을 사용하고 다시 제자리에 놓지. 사람이 물건들 사이에서 사는 거야. 물건들은 유용해, 그게 다라고. 그런데 나를, 물건들이 나를 건드려. 견딜 수 없는 일이야. 마치 물건들이 살아 있는 동물이기라도 한 것처럼, 물건들과 접촉하는 것이 두려워."[74] 사르트르의 세계에서 **타자**는 아직 온전하다. **바라봄으로서의 타자**는 세계와 관계 맺기의 본질적 구성요소다. 심지어 나뭇가지들이 바스락거리는 소리, 반쯤 열린 창, 커튼의 살랑거림도 바라봄으로서 지각된다.[75] 오늘날 세계는 바라봄이 전혀 없다. 세계는 우리를 더는 빤히 바라보지 않는다. 세계는 자신의 **다름**을 잃어간다.

릴케가 보기에 사물들은 온기를 발산한다. 그리하여 그는 사물들과의 동침同寢을 꿈꾼다. "나는 모든 사물 각각의 곁에서 한번 자고 싶다. 사물의 온기에 노곤해지고, 사물의 호흡에 맞춰 오르내리며 꿈꾸고, 내 모든 팔다리에서 사물의 사랑스럽고 느긋하고 발가벗은 친근함을 느끼고, 사물의 잠의 향기를 통해 강해져서, 아침 일찍, 날 밝기 전, 모든 이별에 앞서, 계속 가고 싶다. 계속 가고 싶다…"[76] 수작업으로 만든 아름다운 사물들은 충심을 따뜻하게 한다. **손의 온기**가 사물로 옮아간다. 기계의 냉기는 사물의 온기를 사라지게 한다. 근대에 사물은 싸늘하게 식어 저항하는 객체가 된다. 발터 벤야민도 사물의 냉각을 알아챘다. "사물들에서 온기가 사라진다. 일상적으로 사용되는 대상들이 인간을 조심스럽지만 완강하게 밀쳐낸다. 요컨대 인간은 그 대상들의—노골적인 저항뿐 아니라—은밀한 저항을 극복하기 위해 엄청난 노동을 해야 한다. 인간은 대상들과 접촉하여 얼어붙지 않기 위해서 대상들의 냉기를 자신의 온기로 상쇄해야 한다. 또한 대상들의 가시에 찔려 피를 흘리지 않기 위해서 대상들의 가시를 무한한 솜씨로 붙잡아야 한다."[77]

사물이 "가시"를 지녔던 시절은 지나간 지 오래다. 디지털화는 사물에게서 모든 "반항적인" 물질성을, 모든 저항성을 앗아간다. 사물은 **오비케레**(반대하기)obicere의 성격을 완전히 잃는다. 사물들은 우리에게 맞서 저항하지 않는다. 정보기계는 가시가 없다. 가시가 있다면, 우리는 정보기계를 무한한 솜씨로 붙잡아야 할 텐데 말이다. 오히려 정보기계는 우리의 욕구에 밀착하고 순응한다. 매끄러운 스마트폰에 다치는 사람은 없다.

오늘날 사물들은 냉각되지도 않는다. 사물들은 냉기도 온기도 지니지 않았다. 그것들은 마비라도 된 것 같다. 사물들에서 모든 살아 있음이 사라진다. 그것들은 더는 상대가 아니다. 그것들은 **맞몸**(맞선 몸)Gegenkörper이 아니다. 오늘날 누가 사물이 자신을 빤히 바라보거나 말을 건다고 느끼는가? 누가 사물의 얼굴을 지각하는가? 누가 사물에서 생동하는 관상을 알아보는가? 누가 사물에 영혼이 깃들었다고 느끼는가? 누가 사물의 고유한 삶을 짐작하는가? 누가 사물이 자신을 위협하거나 매혹한다고 느끼는가? 사물의 따뜻한 바라봄이 누구를 행복하게 하는가? 누가 사물의 낯섦에 경탄하는가? 요새 아이들도 두근거리는 가슴으로 어두컴컴한 방을 살그머니 통과하여 테이블 밑에서, 옷장 안에서, 커튼 뒤에서 얼굴을 한껏 찌푸리는가?

오늘날 세계는 **바라봄**과 **목소리**가 몹시 부족하다. 세계는 우리를 바라보지도 않고 말을 걸지도 않는다. 세계는 **다름**을 상실한다. 우리의 세계 경험을 규정하는 디지털 화면은 우리를 실재로부터 격리한다. 세계는 탈실재화되고 탈사물화되고 탈신체화된다. 강해지는 자아는 이제더는 타자에 의해 건드려지지 않는다. 자아는 **사물의 등**을 거울로 삼아 자신을 본다.

타자가 사라지는 것은 실은 극적인 사건이다. 그러나 이 사건은 워낙 은밀하게 일어나서, 우리는 이 사건을 제대로 의식하지 못한다. 비밀로서의 타자, 바라봄으로서의 타자, 목소리로서의 타자가 사라진다. 다름을 **빼앗긴** 타자는 처분 가능하고 소비 가능한 객체로 전락한다. 타자의 사라짐은 사물 세계에서도 일어난다. 사물들은 고유의 무게, 고유의 삶, 고유의 의미를 상실한다.

세계가 처분 가능하고 소비 가능한 객체들로만 이루어졌다면, 우리는 세계와 **관계** 맺을 수 없다. 정보와 관계 맺는 것도 불가능하다. 관계는 독립적인 **상대**를, **맞은편**(상호성)Gegenseitigkeit을, '**너**'를 전제한다. "'너'라고 말하는 사람은 무언가를 가지고 있지 않다. 그는 아무것도 가지고 있지 않다. 다만 그는 관계 안에 있다."**78** 처분 가능하고 소비 가능한 객체는 '너Du'가 아니라 '그것Es'이다. 관계와 결속의 결여는 심각하게 받아들여야 할, 세계의 빈곤으로 이어진다. 다름 아니라 디지털 객체들의 홍수가 세계 상실을 가져온다. 화면에는 세계와 실재가 몹시 결핍되어 있다. 어떤 상대도, 어떤 '**너**'도 없다면, 우리는 그저 우리 주위를 돌 뿐이다. 우울증이란 다름 아니라 병적으로 심화한 세계 결핍을 뜻한다. 디지털화는 우울증을 확산시키는 한 요인이다. 정보권은 우리의 자기관계를 심화한다. 우리는 모든 것을 우리의 욕구에 종속시킨다. 오로지 **타자의 부활**만이 우리를 세계 결핍으로부터 해방할 수 있다.

유령

카프카의 단편소설 〈가장家長의 근심〉에 등장하는 반항적인 사물 '오드라덱Odradek'은 집안 곳곳에서 출몰한다. 이 때문에 가장은 근심한다. 오드라덱은 별 모양의 실패이며 다리처럼 몸통에 붙어 있는 막대 두 개를 써서 독자적으로 움직인다. 놈은 친절함이나 순종적 성향이 전혀 없다. 놈의 어떤 면모도 기능을 시사하지 않는다. "이 구조물이 과거에는 어떤 합목적적 형태를 가졌었지만 지금은 파괴되었을 따름이라고 믿고 싶을지도 모른다. 그러나 그렇지 않은 듯하다. 적어도 그렇다는 조짐이 발견되지 않는다. 그런 유형의 무언가를 시사할 만한 단서나 깨진 자리를 어디에서도 볼 수 없다. 전체가 무의미하지만 나름대로 완결된 것으로 보인다. 이에 대하여 더 자세한 이야기를 할 수는 없다. 오드라덱이 엄청나게 재빠르고 날쌔서 잡을 수 없기 때문이다." 오드라덱은 공간적 귀속도 거부한다. 놈은 "불특정한 거처"를 지녔다. 놈은 대개 계단실이나 복도 같은 **사이 공간**에 외따로 머무른다. 때로는 한 달 동안 코빼기도 보이지 않는다. 오드라덱은 **사물의 고집**을 상징한다. 놈은 **타자, 철저한 타자**의 화신이다. 오드라덱은 자기 **고유의 법**을 지녔다.

요컨대 오드라덱은 비록 고집불통이긴 하지만, "보아하니 아무도 해치지 않는다"고 화자는 결론짓는다. 그러나 반사물에 대한 카프카의 생각은 다르다. 밀레나에게 쓴 한 편지에서 그는 자기 삶의 모든 불행은 편지 쓰기에서 비롯된다고 밝힌다.[79] 편지들 때문에 영혼이 산산이 부서져 세계 곳곳으로 흩어지는 끔찍한 일이 벌어진다는 것이다. 편지 쓰기는 유령들을 상대하기다. 사람은 멀리 있는 사람을 생각하거나 가까이 있는 사람을 붙잡을 수 있다. 다른 모든 것은 사람의 능력을 벗어난다. 글로 쓴 입맞춤은 정해진 목적지에 도달하지 못한다. 유령들이 그 입맞춤을 가로채 깡그리 마셔버린다. 인류는 이를 느끼고 맞서 싸운다. 유령이 사람들 사이에 끼어드는 것을 최대한 배제하고 영혼의 평화를 이뤄내기 위하여 인류는 철도, 자동차, 비행기를 발명했다. 그러나 이것들은 도움이 되지 않는다. 이것들은 추락하는 와중에 제작한 발명품들에 불과하다. 상대편이 훨씬 더 강하다. 상대편은 우편에 이어 전보, 전화, 무선전신을 발명했다. 유령들은 굶어 죽지 않을 것이다. 반면에 인류는 몰락할 것이라고 카프카는 결론 내린다.

만약에 디지털화를 목격한다면, 카프카는 유령들이 인류에 맞서 최종적으로 승리했음을, 유령들이 이제 인터넷, 이메일, 스마트폰을 발명했음을 낙담하며 확인할 것이다. 연결망 안에서 유령들이 활개친다. 실제로 정보권은 유령 같다. 정보권 안에는 **사물처럼 확실히** 잡히는 것이 전혀 없다. 반사물은 필시 유령들의 식량이다.

디지털 소통은 인간관계를 심각하게 저해한다. 오늘날 우리는 어디에서나 연결망에 속해 있지만 그럼에도 서로 **결합되어** 있지 않다. 디지털 소통은 외연적이다. 그 소통은 집약성을 결여하고 있다. 연결망에 접속하기는 **관계 맺기**와 다르다. '너'는 오늘날 어디에서나 '**그것**'으로 대체된다. 디지털 소통은 인간적인 상대, **얼굴, 바라봄, '지금 여기에 몸소 있음**körperliche Gegenwart'을 없앤다. 그렇게 디지털 소통은 **타자의 사라짐**을 가속한다. 유령들은 **같음의 지옥**에 거주한다.

인간은 가까움에 의지하는 **근접 존재**Nahwesen다. 그런데 가까움은 거리 없음이 아니다. 가까움에는 멀리 있음이 기입記入되어 있다. 가까움과 멀리 있음은 서로의 맞짝이다. 따라서 인간은 **근접 존재**이면서 또한 멀리 있음에 의지하는 **원격 존재**Fernwesen다. 그렇기 때문에 사람은 가까이 있는 사람을 붙잡거나 멀리 있는 사람을 생각할 수 있으며 다른 모든 것은 사람의 능력을 벗어난다고 카프카가 말하는 것이다. 디지털 소통은 모든 것을 **거리 없게** 만듦으로써 가까움과 멀리 있음을 모두 파괴한다. **타자와 관계 맺기**는 거리를 전제한다. 거리는 '너'가 '그것'으로 전락하지 않게 해준다. 거리 없음의 시대인 오늘날 관계는 **거리 없는 접촉**에 밀려난다.

정보기계들은 사물의 고집을 완전히 버렸다. 어느 모로 보나 정보기계는 오드라덱의 반대, 반항적 사물의 반대다. 오로지 기능이 정보기계의 모든 것이다. 정보기계는 명령에 복종한다. '알렉사Alexa'(아마존사가 제작한 인공지능 비서―옮긴이)라는 정보기계는 오드라덱과 달리 확고한 거처가 있으며 매우 수다스럽다. 말이 없으며 사람들로부터 "무거운 질문들"(카프카의 표현)을 받지 않는 오드라덱과 정반대로, 알렉사는 아무리 어려운 질문이라도 다 받고 기꺼이 응답한다. 우리의 **스마트홈**에서는 어떤 사물도 "가장家長"의 근심을 일으키지 않을 것이다.

사물의 마법

오늘날 우리는 실재를 지각할 때 무엇보다도 정보를 얻으려고 한다. 마치 빈틈없는 막처럼 사물을 감싼 정보층은 **집약성**에 대한 지각을 차단한다. 정보는 실재를 **대표한**

다repräsentieren. 그러나 정보가 우위를 점하면, **여기 있음**을 경험하기 어려워진다.[80] 우리는 영구적인 정보들을 소비한다. 정보는 **맞닿음**Berührung을 줄인다. 지각은 깊이와 집약성을, 몸과 부피를 잃는다. 지각은 실재의 **여기 있음 층**에 진입하여 깊어지지 못한다. 지각은 단지 실재의 정보 표면만 스친다.

실재 앞을 슬며시 가로막는 다량의 정보는 실재의 **사물적인** 층을 침식한다. 일찍이 후고 폰 호프만슈탈은 이렇게 일갈했다. "사물들 앞에 단어들이 자리 잡았다. 주워들은 이야기가 세계를 삼켜버렸다."[81] 호프만슈탈의 유명한 〈찬도스 경의 편지〉에서 허구의 화자는 예수의 현현Epiphanie과 맞먹는, 여기 있음 경험을 보고한다. 반쯤 찬 물뿌리개, 그 안에서 헤엄치는 곤충, 성장이 멎은 사과나무, 이끼 덮인 돌, 밭에 방치된 써레 같은 보잘것없는 사물들, "다른 때라면 당연히 무심하게 한번 보고 말았을 사물들"이 불현듯 "숭고하고 감동적인 특징"을 띠고 관찰자를 "부드럽고 갑작스럽게 불어나는 신적인 느낌의 홍수"로 휩쓴다.[82] 현현적인 집약성 경험은 관찰자를 "열병 같은 생각"에, "단어들보다 더 단박이고unmittelbar, 더 유창하고, 더 뜨겁게 달아오른 물질 속의 생각"에 빠뜨린다.[83] 대표, 곧 표상과 의미가 아니라 단박에 맞닿음과 여기

있음이 특징인 **마법적** 세계 관계가 발생한다.

"별이 빛나는 하늘의 광경"도 "오르간의 웅장한 울림"[84]도 여기 있음 경험을 일으키지 못한다. 오히려 "보잘것없는 것들의 조합"이[85] 수수께끼 같고 말 없는 황홀함의 원천이 된다. 그런 현현적 순간에 사람은 "온 현존재와 새롭고 예감으로 충만한 관계"를 맺고 "중심으로 생각하기 시작한다."[86] 여기 있음 경험은 심층적인 "평화"[87]의 계기들도 아우른다. 화자는 **사물 언어**Ding-Sprache를 동경한다. "침묵하는 사물들은 그 언어로 나에게 말하고, 어쩌면 나는 언젠가 무덤 속 미지의 재판관 앞에서 그 언어로 변명하게 될 것이다."[88]

사물에 대한 주의注意 향상은 자기 망각 및 상실과 짝을 이룬다. 내가 **약화되면**, 나는 저 고요한 사물 언어를 수용하게 된다. 여기 있음 경험은 **바깥에 놓여 있음**을, **상처받을 수 있음**을 전제한다. **상처**가 없으면 나는 궁극적으로 오직 나 자신의 메아리만 듣는다. **상처**는 구멍, 곧 **타자를 향해 열린 귀**다. 오늘날 저 현현적 순간은, 자아가 점점 더 강해진다는 이유만으로도 벌써 불가능하다. 사물들은 자아를 거의 **건드리지** 못한다.

사진에 관한 바르트의 이론은 실재 자체에도 적용될 수 있다. 그는 사진의 두 가지 요소를 구분한다. 첫째 요소인 **스투디움**studium은 우리가 사진을 들여다볼 때 **등록하는**registrieren 광범위한 정보들의 장과 관련이 있다. 중요한 것은 "애써 돌보지 않는 바람들, 목표 없는 관심, 비일관적 취향(나는 좋아해/나는 좋아하지 않아)의 장"이다.**89** 스투디움은 **사랑하기**의 질서가 아니라 **좋아하기**의 질서에 속한다. 스투디움은 단지 "막연하고 피상적이고 책임감 없는 관심"을 동반할 뿐이다.**90** 시각적 정보는 얼마든지 충격적일 수 있지만 "부상負傷을 일으키지" 않는다. "당황"은 발생하지 않는다. 스투디움에는 어떤 **격렬함**도 없다. 스투디움은 **집약성**을 산출하지 않는다. 스투디움의 바탕에 깔린 지각은 **외연적, 가산적, 누적적**이다. 스투디움은 **글 읽기**다. 여기에는 어떤 마법도 없다.

사진의 둘째 요소를 일컬어 **풍크툼**punctum이라고 한다. 풍크툼은 스투디움을 단절한다. 무언가가 "그것의 맥락으로부터 화살처럼 쏘아져 나와 나를 꿰뚫는다."**91** 풍크툼은 정보들로 이루어진 연속체를 갈가리 찢어버린다. 풍크툼은 집약성과 농도가 가장 높은 장소이며, 거기에는 **정의할 수 없는 무언가**가 깃들어 있다. 그 무언가는 어떤 식으로도 대표되기를 거부한다. "무언가를 명명할 수 없다는 것은 내적 동요의 확실한 징표다. [⋯] 작용은 현존한다. 그러나 작용의 자리가 특정되지 않으며, 작용의 징

표나 이름도 알 수 없다. 그 작용은 관통하는 힘이 있지만 그럼에도 내 자아의 불특정한 한 구역에 상륙한다."[92]

스투디움은 "주권적 의식"[93]을 갖췄다. 나는 나의 주의를 주권적으로 움직여 정보들로 이루어진 광활한 장 위를 활공하게 한다. 반면에 풍크툼은 나를 근본적 수동성에 처하게 한다. 풍크툼은 **나를 약하게** 만든다. 나는 자기 상실을 겪는다. 무언가가 의식적 결정의 이편에서 나를 "명중시킨다". 무언가가 나를 "사로잡고" "부상을 입힌다". **독특한** 무언가가 나를 건드리고 움켜쥔다. **이름 없는** 무언가가 나의 미지의 구역에 침입하고, 그 구역은 나의 통제를 벗어난다.

바르트는 스투디움만 지닌 사진을 "단조로운" 사진이라고 부른다. 그런 사진은 그저 이해하기 쉬운 정보만 전달한다. 실재가 희석되어 소비 가능한 정보가 되면, 실재 자체가 단조로워진다. 정보로서의 실재는 **사랑하기**의 질서가 아니라 **좋아하기**의 질서에 속한다. **좋아요**의 홍수가 세계를 삼킨다. 모든 집약적 경험에는 **타자의 부정성**이 깃들어 있다. **좋아요**의 긍정성은 세계를 **같음의 지옥**으로 바꿔놓는다.

바르트는 포르노 사진도 단조로운 사진으로 분류한다. 포르노 사진은 매끄럽다. 반면에 에로틱한 사진은 "결함 있는, 금 간" 이미지다.[94] 깨짐Bruch을 특징으로 가진 정보는 없다. 따라서 **에로틱한 정보**는 없다. 정보는 본질상 포르노적이다. 완전히 **앞에 놓여** 있고 남김없이 **바깥에 세워진** (전시된) 놈은 유혹하지 않는다. 에로틱한 것은 "보이지 않는 장場"을, 정보의 가시성과 명백함을 거부하는 무언가를 전제한다. "에로틱한 사진을 포르노 사진으로부터 구별해주는 것은 이 보이지 않는 장이라고 나는 믿는다."[95] "보이지 않는 장"은 **환상의 장소**다. 그 장소는 **눈을 감을** 때 비로소 열린다.

실재의 풍크툼은 대표의 장에 구멍을 내고 **여기 있음**이 들이닥치게 한다. 실재의 풍크툼은 현현적 순간들을 산출한다. 디지털화는 실재를 정보로 환원함으로써 스투디움을 전체화한다. 디지털 화면으로부터 화살처럼 쏘아져 나와 관찰자를 꿰뚫는 무언가는 없다. 정보는 **화살촉**이 없다. 정보는 강화되는 자아에 닿자마자 튕겨 나간다. 실재를 뒤덮는 막대한 정보는 **실재의 풍크툼**에 대한 지각을 봉쇄한다. 정보 소음은 여기 있음 경험을, 다름 아니라 **계시**를 저지한다. 계시에는 **고요의 계기**가 깃들어 있다.

프로이트는 "사물"을 지각들로 이루어졌으며 대표되기를 거부하는 복합체로 규정한다.[96] 사물은 어떤 식으로도 속성이 귀속되는 것을 거부하기 때문에 "감탄을 자아낸다". 이 감탄스러운 독특성, **철저한 타자의 부정성**이 사물의 특징이다. 따라서 사물은 상징적인 것의 내부에, 바꿔 말해 스투디움의 내부에 **균열**을 낸다. 라캉도 사물에 관하여 이렇게 언급한다. "**사물**Das Ding 안에 있는 무언가, 그 무언가가 실재하는 신비다."[97] 눈먼 얼룩blinder Fleck으로서의 사물은 정보 및 투명성의 맞수Gegenfigur다. 사물은 단적으로 **불투명한 놈**이다. '사물'이라는 단어는 완고하게 **지하**로 후퇴하는 무언가를 가리킨다. 일상에서 지각되는 평범한 사물들이 상징적 질서의 대표자들이라면, 신비로운 **사물자체**Ding an sich는 비非사물UNDING(*achose*)일 것이다. 비사물은 **상징적인 것**으로부터 달아나는 **실재적인 것**이다. 그것은 대표의 망에 걸리지 않고 빠져나간다. 그것은 **실재의 풍크툼**, 저 "눈먼 장"(champ aveugle), 또는 "동떨어진 미묘한 장소"(hors-champ subtil)다.[98] 그 미묘한 장소가 스투디움을, 정보들로 이루어진 광활한 장 전체를 누빈다.

예술에서의 사물 망각

예술품은 사물이다. 심지어 우리가 통상 사물로 취급하지 않는, 시詩를 비롯한 언어적 예술품도 사물의 성격을 띤다. 릴케는 루 안드레아-살로메에게 보낸 편지에서 이렇게 쓴다. "어떤 식으로든 나도 사물들을 만드는 경지에 이르러야 합니다. 조형된 사물들이 아니라 쓰인 사물들—수작업에서 나오는 실재들."[99] **기표들** 곧 언어적 기호들로 이루어진 형태 구조물로서의 시는 의미들로 용해되지 않는다는 점에서 하나의 사물이다. 물론 의미를 파악하는 것을 목표로 시를 읽을 수도 있지만, 의미는 시의 전부가 아니다. 시는 감각적-신체적 차원을 지녔으며, 그 차원은 의미 곧 **기의**를 벗어난다. 다름 아니라 **기표의 과잉**이 시를 농축하여 사물로 만든다. 우리는 사물을 읽을 수 없다. 사물로서의 시는 스릴러물이나 술술 넘어가는 소설을 읽을 때처럼 의미와 감정을 소비하는 읽기에 저항한다. 이런 읽기는 까발리기를 추구한다. 이런 읽기는 포르노적이다. 반면에 시는 "소설 같은 충족"[100]을, 소비를 일절 거부한다. 포르노적인 읽기는, 신체로서의 텍스트, 사물로서의 텍스트의 곁에 **하염없이 머무르는 에로틱한 읽기**의 반대다. 시는 우리의 포르노적 소비주의 시대와 조화를 이루지 못한다. 바로 이런 이유로 오늘날 우리는 시를 거의 읽지 않는다.

로베르트 발저는 시가 아름다운 몸이라고, 신체적 사물이라고 서술한다. "아름다운 시는 내가 보기에 아름다운 몸이어야 한다. 그 몸이 […] 쉽게 잊히게, 거의 생각 없이 종이에 적은 단어들로부터 피어나야 한다. 그 단어들은 내용 곧 신체를 팽팽히 감싼 피부를 이룬다. 예술의 본령은 단어들을 말하는 것이 아니라 시–신체를 조형하는 것, 바꿔 말해 단어들이 단지 시–신체 형성을 위한 수단이 되는 것이다."[101] 단어들은 "생각 없이" 또 "쉽게 잊히게" 종이에 적힌다. 요컨대 쓰기는 단어들에 명확한 뜻을 부여하려는 의도로부터 해방된다. 시인은 거의 무의식적인 과정에 자신을 내맡긴다. 시는 뜻을 생산하는 고역으로부터 해방된 기표들로 직조된다. 시인은 **생각이 없다**. 그의 특징은 **모방하는 순박함**이다. 그의 진지한 관심사는 단어들로 하나의 신체를, 하나의 사물을 조형하는 것이다. 단어들은 피부로서 하나의 의미를 둘러싸는 것이 아니라 신체를 팽팽히 감싼다. 시 짓기는 **사랑의 행위, 신체와의 에로틱한 놀이**다.

발저가 말하는 **유물론**의 핵심은 시를 신체로 간주하는 것이다. 시 짓기는 뜻 형성이 아니라 신체 형성에 공을 들인다. 기표들은 일차적으로 기의를 가리키지 않는다. 오히려 기표들은 농축되며 기의를 지나쳐 하나의 아름답고 비밀스러운 신체를 이룬다. 그 신체는 **유혹한다**. 읽기는 해석학Hermeneutik이 아니라 촉각학Haptik, 만지기, 애

무하기다. 읽기는 **시의 피부**에 밀착하고 시의 **신체를 향유한다**. 신체로서의 시, 사물로서의 시는 특별한 **여기 있음**을 느끼게 해준다. 무슨 말이냐면, **대표**(표상)Repräsentation의 이편을 느끼게 해준다. 해석학은 대표에 몰두하지만 말이다.

오늘날 예술은 예술품을 사물로 보는 저 유물론으로부터 점점 더 멀어지고 있다. 뜻에 대한 책무의 저편에서 그 유물론은 기표들을 가지고 하는, 근심 없는 놀이를 허용한다. 그 유물론은 언어를 놀이의 재료로 본다. 프랑시스 퐁주는 단박에 발저의 유물론에 동조할 것이다. "단어들(과 언어적 표현들)을 재료로 간주하는 순간부터, 단어들을 다루는 일이 아주 유쾌해진다. 이는 색깔과 형태를 다루는 일이 화가에게 유쾌할 수 있는 것과 마찬가지다. 가장 유쾌한 것은 그것들을 가지고 놀기다."[102] 언어는 놀이터, "유흥의 장소"다. 단어는 일차적으로 의미의 운반자가 아니다. 오히려 "의미의 바깥에 놓인 단어들에서 가능한 최대의 향유를 얻어내야" 한다.[103] 그러므로 뜻에 헌신하는 예술은 **쾌락에 적대적이다**.

퐁주의 시작법詩作法은 다름과 고집을 지닌, 유용성 너머의 사물 자체를 언급하려 애쓴다. 이때 언어는 사물을 표기하거나 **대표**하는 기능을 수행하지 않는다. 퐁주의 사물 광학Ding-Optik은 오히려 단어들을 사물화한다. 즉, 단어들을 사물의 지위에 접근시킨다. 풍주의 사물 광학은 모방하는 순박함으로, **사물과 언어의 신비로운 들어맞음**을 모사한다. 발저의 경우에서처럼 시인은 철저히 **생각이 없다**.

목소리도 사물적-신체적 차원을 지녔으며, 그 차원은 목소리의 "거칠함"에서, "소리 기표들의 쾌락 욕망에서"[104] 드러난다. 혀와 점막이 목소리의 사물적 면모를 만들어낸다. 혀와 점막의 욕망이 들린다. 그 사물적 면모가 **목소리의 감각적 피부**를 이룬다. 목소리는 명확히 발음되기만 하는 것이 아니라 또한 **신체화된다**. 의미가 전부인 목소리는 신체가 없고, 향유가 없고, 욕망이 없다. 발저처럼 바르트도 **피부**를, 언어의 **몸**을 명시적으로 거론한다. "무언가가 거기에 있다. 허투루 듣고 흘려버릴 수 없으며 고집이 세다(사람은 그 무언가만 듣는다). 그 무언가는 단어들의 의미의 저편(혹은 이편)에 놓여 있다. [⋯] 그 무언가는 그대로 가수의 몸이다. 그 몸은 한 동작으로 깊숙한 빈 공간들과 근육과 점막과 연골로부터 [⋯] 귀에 도달한다. 마치 연주자의 속살과 그가 부르는 노래가 동일한 피부로 팽팽히 감싸여 있기라도 한 것 같다."[105]

바르트는 노래를 두 가지 형태로 구분한다. 첫째 형태인 "원천 노래Genogesang"를 지배하는 것은 쾌락 원리, 신체, 욕망이다. 반면에 둘째 형태인 "현상 노래Phänogesang"
는 소통에, 뜻 전달에 헌신한다. 현상 노래에서는 뜻과 의
미에 종사하는 자음들이 주도적인 역할을 한다. 반면에
원천 노래는 자음들을 "감탄할 만한 모음들의 한낱 구름
판으로" 사용한다. 모음들에는 관능적인 몸이, 욕망이 깃
들어 있다. 모음들은 언어의 **피부**를 이룬다. 그것들이 소
름을 일으킨다. 반면에 자음들로 이루어진 현상 노래는
청취자와 **맞닿지** 못한다.

사물로서의 예술품은 한낱 생각의 운반자가 아니다.
예술품은 아무것도 **예시하지** 않는다. 명확한 개념이 아니
라 어떤 불특정한 열기熱氣가, 어떤 섬망Delirium이, 어떤
집약성이, 명확히 발설할 수 없는 충동이나 욕망이 표현
과정을 지휘한다. 논문 〈세잔의 의심〉에서 모리스 메를
로-퐁티는 이렇게 쓴다. "표현은 이미 명확한 생각의 한
낱 재현이어서는 안 된다. 오직 우리나 타인들이 이미 발
설한 생각만이 명확하니까 말이다. '구상'이 '실행'보다
앞서면 안 된다. 표현 이전에는 어떤 불특정한 열기만 존
재한다."[106] 한 예술품은 그 예술품에서 끌어낼 수 있는
모든 의미보다 더 많은 것을 **의미한다.** 이 의미 과잉은 역
설적이게도 의미 포기 덕분에 발생한다. 이 의미 과잉은
기표 과잉에서 비롯된다.

오늘날 예술의 문제점은, 예술이 미리 품은 견해를, 이를테면 도덕적이거나 정치적인 신념을 전달하는 경향이 있다는 것이다. 바꿔 말해 오늘날의 예술은 정보를 전달하는 경향이 있다.[107] 구상이 실행에 선행한다. 그리하여 예술은 예시로 전락한다. 불특정한 열기가 표현 과정을 규정하지 않는다. 이제 예술은 물질을 **의도 없이** 사물로 조형하는 **수작업**이 더는 아니며, 오히려 미리 제작한 생각을 소통하는 **생각 작업**이다. **사물 망각**이 예술을 휩쓸고 있다. 소통이 예술을 독차지한다. 예술이 **정보와 담론을 싣게** 된다. 예술이 **유혹하는** 대신에 **가르치려** 든다.

정보는 사물로서의 예술의 **고요**를 파괴한다. "회화는 말이 없고 고요하다. 정보가 그런 의미에서 말이 없고 고요한 경우는 결코 없다."[108] 우리가 그림을 오로지 정보를 목적으로 관찰하면 그림의 고집, 그림의 마법을 간과하게 된다. **기표의 과잉**이 예술품을 **마법적이고 신비롭게** 한다. 예술품의 신비는 밝혀낼 수 있는 정보를 비밀리에 보유한 것에 있지 않다. 오히려 기표들이 기의에 의해, 뜻에 의해 멈춰지지 않고 유통된다는 사정이 신비롭다. "신비. 말해질 수 없지만 그럼에도 유통되는 것. 유혹적, 밀교密教 입문적 성질. […] 비밀에 부친 정보와는 아무런 공통점이 없는 공모共謀. 게다가 신비의 파트너들은 설령 누설하고자 하더라도 아무것도 누설할 수 없을 것이다. 말할 수 있는 것이 아무것도 없으니까 드러날 수 있는 모든 것은 신비에 적중하지 못하고 빗나간다. […] 신비는 소통에 맞선, 그럼에도 공유될 수 있는 무언가다."[109]

정보와 소통의 지배 체제는 신비와 조화를 이루지 못한다. 신비는 정보의 맞수다. 신비는 **언어를 중얼거리기**이지만 아무것도 할 말 없는 중얼거리기이다. 예술에게 본질적인 것은 "담론보다 더 아래에 위치한 유혹, 보이지 않게 기호에서 기호로 이어지는 신비로운 유통"이다.[110] 유혹은 뜻보다 더 아래에서, 해석학의 이편에서 진행된다. 유혹은 뜻과 의미보다 **더 신속하고 민첩하다.**

예술품은 두 층을 지녔다. 한 층은 대표를 향해 있고 다른 층은 대표에 등을 돌리고 있다. 전자를 예술품의 **현상층**Phänoschicht, 후자를 **원천층**Genoschicht이라고 부를 수 있다. 담론을 싣고 있는 예술, 도덕화하거나 정치화하는 예술은 **원천층**을 가지고 있지 않다. 그런 예술은 견해를 지녔지만 **욕망을** 지니지 않았다. 신비의 장소로서의 원천층은 예술품에 비사물UNDING의 아우라를 부여한다. 비사물은 **감탄을 자아낸다**imponieren. 왜냐하면 정보를 제공하지informieren 않기 때문이다. 비사물은 **뒷면**, 신비로운 **뒤뜰**, 예술품의 "동떨어진 미묘한 장소"(hors-champ subtil),

바로 예술품의 **무의식적 면모**다. 비사물은 예술의 탈마법화에 저항한다.

하이데거의 손

하이데거는 노동과 손을 열렬히 신봉한다. 마치 미래의 인간은 손이 없고 노동 대신에 놀이로 쏠릴 것임을 어렴풋이 예견하기라도 한 것처럼 말이다. 아리스토텔레스를 다루는 한 강의에서 하이데거의 첫마디는 이러하다. "그는 태어나서 노동하고 죽었습니다."[111] 생각하기는 노동이다. 더 나중에 하이데거는 생각하기를 수작업으로 규정한다. "어쩌면 생각하기도 나무상자 짜기와 다를 바 없을 것이다. 아무튼 생각하기는 수작업Hand-Werk이다."[112] 손은 생각하기를 확고한 아날로그 과정으로 만든다. 하이데거라면 이렇게 말할 것이다. '인공지능은 생각하지 못한다. 왜냐하면 인공지능은 손이 없으니까.'

하이데거의 **손**은 디지털 질서에 맞서 땅의 질서를 결연히 방어한다. '디지털'이라는 단어의 어원은 라틴어 **디기투스**digitus'로 거슬러 올라간다. 이 라틴어는 손가락을 의미한다. 우리는 손가락들을 가지고 **수를 세고 계산한다**. 손가락들은 수적數的이다. 바꿔 말해 디지털이다. 하이데거는 손과 손가락을 명시적으로 구별한다. 단지 손가락들의 끝만 가담하는 타자기는 "인간에게 본질적인 영역인 손에서 벗어나 있다."[113] 타자기는 "단어"를 "교통수단"으로, 곧 "정보"로 격하함으로써 파괴한다.[114] 타자한 글은, "필기하는 손, 진짜로 행위하는 손을 통해 오가지 않는다."[115] 오직 "필기한 글"만이 단어의 본질 영역에 접근한다. 하이데거에 따르면, 타자기는 "기호 없는 구름", 곧 수적인 구름, 단어의 본질을 가리는 **클라우드**Cloud다. 손은 "자신이 생각하기에 귀속함을 인정하는 것"을 가리키는 한에서 하나의 "기호"다. 오로지 손만이 생각하기라는 선물을 수령한다. 하이데거가 보기에 타자기는 계산기의 전 단계다. 타자기는 "단어"를 "정보"로 만든다. 그 기계는 디지털 장치에 접근한다. 계산기 제작은 "언어가 점점 더 **정보**의 도구에 불과하게 되는 과정"을 통해 가능해진다.[116] 손은 수를 세거나 계산하지 않는다. 손은 셀 수 없는 것, 계산할 수 없는 것, "유일하게 모든 수에 앞서 비길 데 없이 통일하는 하나인, 철저한 단독자"를 상징한다.[117]

하이데거가 이미 《존재와 시간》에서 펼친 도구 분석에서 보듯이, 환경을 근원적 형태로 우리에게 열어주는 것은 손이다. 사물은 처음에 수중에 있는 것으로서, "손안의 것Zuhandenes"으로서 나타난다. 내가 당장 필기구를 손에 쥐면, 나에게 그 필기구는 특정한 속성들을 지닌 객체로 나타나지 않는다. 그 필기구를 객체로 표상하고자 한다면, 나는 손을 아예 뒤로 빼고 그 필기구를 특별히 응시해야 한다. 다가가 붙잡는 손이 표상하는 직관보다 더 근원적으로 사물을 경험한다. "우리가 망치라는 사물 Hammerding을 덜 멍하니 바라볼수록, 더 적극적으로 사용할수록, 우리와 망치의 관계는 더 근원적으로 되고, 우리는 망치를 더 드러난 상태로, 망치가 무엇인바 그 무엇으로서, 도구로서 만나게 된다. 바로 망치질이 망치의 특유한 알맞음Handlichkeit을 드러낸다. 도구는 스스로 자기를 한 존재 유형으로 드러내는데, 그러한 도구의 존재 유형을 우리는 손안에-있음Zuhandenheit이라고 부른다."[118]

손은 어떤 표상보다 **먼저 움켜쥔다**. 하이데거의 사상은, 표상하고 대상화하는 생각하기를 통해 봉쇄되어 있는, 그런 생각하기에 선행하는 경험의 영역으로 뚫고 들어가기 위해 끊임없이 애쓴다. 모든 형태의 대상화에 선행하는 근원적 존재 영역에 접근할 수 있는 것은 바로 **손**이다.

도구로서의 사물은 《존재와 시간》 안에서는 유용성의 측면에서 경험된다. 〈예술작품의 근원〉에서 펼친 두 번째 도구 분석에서 하이데거는 유용성보다도 앞선, 사물의 더 깊은 존재 영역으로 돌진하려 한다. "도구의 도구임 Zeugsein은 그것의 유용성인 것이 맞다. 그러나 유용성 자체도 도구에게 본질적인 존재의 충만함 안에 들어 있다. 그 존재를 일컬어 신뢰성Verläßlichkeit이라고 한다."[119] "신뢰성"은 사물에 대한 우선적인 경험이며 유용성보다 앞선다. 하이데거는 "신뢰성"을 직관적으로 설명하기 위해 고흐의 회화 한 점을 언급한다. 그 작품은 한 켤레의 가죽 신발을 묘사한다. 하필이면 왜 하이데거는 신발을 예로 들까? 신발은 많은 면에서 **손**과 친척 관계인 **발**을 보호한다. 흥미롭게도 하이데거는 명시적으로 발을 환기한다. 이는 전혀 불필요한 사족이라고 할 만하다. 누구나 신발의 용도를 아니까 말이다. "평범한 도구인 한 켤레의 농업용 작업화를 예로 들자. [⋯] 이런 도구는 발을 감싸는 구실을 한다."[120]

언급된 고흐의 회화는 실은 화가 자신의 신발을 묘사한다. 어느 모로 보나 남성용 신발이다. 그러나 하이데거는 제멋대로 판단한다. "여자 농부Bauerin가 밭에서 그 신발을 신는다. 그럴 때 비로소 그 신발은 그 신발이 무엇인바 그 무엇이다. 여자 농부가 일하면서 신발을 덜 생각할수록, 혹은 신발을 전혀 바라보지 않거나 심지어 느끼지도 않을수록, 그 신발은 더 참되게 그 신발이 무엇인바 그 무엇이다. 그녀는 신발을 신고 서 있고 걸어간다. 그렇게 신발은 실제로 유용하다."[121] 이 대목은 《존재와 시간》의 도구 분석을 연상시킨다. 내가 망치라는 사물을 그저 응시하는 대신에 그것을 손에 쥐고 망치질하는 바로 그 순간에 그것은 나에게 그것이 무엇인바 그 무엇으로서 곧 도구로서 나타난다. 마찬가지로 신발은 여자 농부가 그것을 신고 걸어가거나 서 있을 때 실제로 유용하다. 그러나 신발이라는 사물의 본질은 유용성이 아니다. 하이데거는 유용성보다 더 앞서 있는 경험 층을 비유적인 언어로 가리킨다. "밖으로 삐져나온 신발 안감에 뚫린 검은 구멍 너머에서 노동의 고생스러운 걸음들이 바깥을 응시한다. 거친 바람 아래 멀리까지 단조롭게 뻗은 밭고랑들을 가로지르는 느린 걸음의 억셈이 신발이라는 도구의 묵직하고 탄탄한 무게에 쌓여 있다. 가죽 위에 축축한 흙이 두껍게 앉아 있다. 신발 바닥 아래로는 해 지는 저녁을 헤쳐가는 들길의 외로움이 밀려간다. 신발 안에서 비밀에 부쳐진 땅의 부름이 윙윙거린다. 땅이 익어가는 곡식을 조용히 선물하는 소리가, 겨울들의 황량한 휴식기에 땅이 설명 없이 단념하는 소리가 윙윙거린다. 식량 확보를 위한, 불평 없는 걱정이, 거듭되는 곤경 극복의 말 없는 기쁨이, 아기가 태어날 때의 전율과 죽음의 위협이

닥칠 때의 떨림이 이 도구를 관통한다. 이 도구는 **땅**에 속하며 여자 농부의 **세계** 안에서 보호 받는다."[122]

사물의 "신뢰성"이란 사물이 사람들을 삶에 멈춤을 제공하는 세계관계Weltbezug 안에 끼워 넣는다는 것을 뜻한다. "신뢰성"을 갖춘 사물은 세계사물이다. 신뢰성은 땅의 질서에 속한다. 오늘날처럼 사물이 **세계를 창시하는** 저 충만한 관계에서 분리되고 오로지 순수한 기능성이 사물의 전부가 되면, 사물의 신뢰성도 사라진다. "개별 도구는 사용되어 낡아지고 없어진다. […] 그렇게 도구임Zeugsein은 황폐에 이르고 한낱 도구로 전락한다. 그렇게 도구임이 황폐화화는 것은 신뢰성이 사라지는 것이다. […] 이제 보이는 것은 발가벗은 유용성뿐이다."[123]

인간의 현존재는 땅을 **딛고** 있다. 하이데거가 말하는 발은 **토착성**을 상징한다. 발은 인간을 땅과 결합한다. 땅은 인간에게 멈춤과 거주를 제공한다. 하이데거의 〈들길〉은 "척박하고 너른 땅에 난 유연한 오솔길 위의 발을 조용히 안내한다."[124] 신뢰성을 갖춘 사물은 인간이 땅에 **발을 디딜** 수 있게 해준다. 발은 하이데거가 그토록 단호하게 손을 고수하는 이유에 관한 추가 단서를 제공한다. 손과 발은 하이데거 사상의 **장소**를 알려준다. 손과 발은 땅의 질서의 화신이다. 미래의 손 없는 인간은 발도 없다.

그는 땅에서 떠올라 디지털 클라우드 속으로 들어간다. 하이데거가 말하는 사물은 세계사물이다. "사물은 세계를 소집한다dingen." [125] '사물Ding'을 동사화한 단어로서의 'dingen'은 "그러모으다"를 의미한다. 사물은 뜻-관련들Sinnbezüge을 "그러모은다". 인간의 현존재는 그 뜻-관련들 안에 끼워 넣어져 있다. 하이데거는 뜻을 창조하는 세계얼개Welt-Gefüge를 "네모Geviert"라고 부른다. 세계는 뜻과 멈춤을 제공하는 네 가지 부품으로 이루어졌다. 그 부품들은 "땅", "하늘", "신적인 것들", "죽음을 피할 수 없는 것들"이다. 하이데거가 보기에 사물들은 "개울Bach과 산Berg", "왜가리Reiher와 노루Reh", "거울Spiegel과 죔쇠Spange", "책Buch과 그림Bild", 또는 "왕관Krone과 십자가Kruez"다. [126] 독일어 원문에서 일관되는 **두운법**은 사물들에 반영되어야 하는 단순한 세계 질서를 암시한다. 하이데거는 **운율**에, 땅의 질서의 **리듬**에 의지하고 **세계의 무게**에 우리 자신을 내맡기라고 요구한다.

하이데거는 땅의 **내적 척도**innerer Maß를 고집한다. 인간적 의지의 저편에 "승인하기와 정리하기" [127]가 있으며 인간은 거기에 자신을 맞춰야 한다고 그는 믿는다. 체류는 **제작되는**hergestellt 것이 아니라 **승인된다**gebilligt. 후기 하이데거의 눈앞에는 **염려 없는 현존재**가, "안전함Sichersein"

이 어른거린다. 하지만 그 안전함은 인간의 의지를 벗어난다. "안전함, 라틴어로 세쿠루스securus는 '시네 쿠라sine cura' 곧 '염려 없음'을 의미한다. 여기에서 염려하기는 길 위에서 무제약적 제작을 수단으로 삼아 의도적으로 자기를 관철하기의 양상을 띤다. […] 안전함이란 온전한 관계의 행렬을 고수함이다."[128]

하이데거에 따르면 인간들은 "제약된(사물화된) 자들die Be-Dingten"이다. "사물"이 "온전한 관계의 행렬"에 숙소를 제공하고, 그 행렬이 멈춤을, "안전함"을 제공한다. 하이데거는 막 시작되던 디지털 질서에 단호히 등을 돌린다. 그 질서 안에서 세계는 "정보들의 시스템으로서 주문 가능한bestellbar 상태로 머무른다."[129] 디지털 질서는 제약되지(사물화되지) 않음das Un-Bedingte을 추구한다. 반면에 땅의 질서는 인간의 제약되어(사물화되어) 있음을 확고히 못 박는다. "머무를 겨를 없이 분주한 인간은 온 땅과 땅의 대기大氣로 돌진해야 하고 힘들의 형태를 띤 자연의 숨겨진 지배권을 탈취해야 한다. […] 그 반역적인 인간은 무엇이 **있는지** 간단히 말할 능력이 없다. 사물이 **있다는** 것이 무엇**인지** 말할 능력이 없다."[130]

하이데거의 손은 땅의 질서에 매여 있다. 따라서 그 손은 인간의 미래를 파악하지 못한다. 오래전부터 인간은 더는 "땅"과 "하늘"에 거주하지 않는다. 제약되지 않음을 향한 길 위에서 인간은 "죽음을 면치 못하는 것들"과 "신적인 것들"도 뒤로 내던졌다. **최후의 사물들**(*ta eschata*)(기독교 종말론에 등장하는 네 가지 대상, 곧 죽음, 심판, 천국, 지옥─옮긴이)도 마찬가지로 제거되어야 할 것이다. 인간은 제약되지 않음을 향해 뛰어오른다. 우리는 초인간적이며 탈인간적인 시대로 나아간다. 그 시대에 인간의 삶은 **순수한 정보 교환**일 것이다. 인간은 자신의 제약되어(사물화되어) 있음을, 자신의 사실성Faktizität을 벗어던진다. 그러나 인간을 인간으로 만드는 것은 바로 그 제약되어 있음, 그 사실성이다. 인간Human은 부식질腐植質, Humus로 돌아간다. 바꿔 말해 땅으로 돌아간다. 디지털화는 인간적임Humanum을 제거하는 과정의 적절한 한 걸음이다. 인간의 미래는 필시 미리 정해진 것 같다. **인간은 자기를 절대화하기 위하여 자기를 없앤다.**

충심의 사물

앙투안 드 생텍쥐페리의《어린 왕자》에는 충심의 사물이란 무엇인지 생생히 보여주는 장면이 있다. 그 장면에서 어린 왕자는 여우와 마주친다. 그는 여우에게 함께 놀아 달라고 요청한다. 그러나 여우는 그와 놀 수 없다고 대꾸한다. 왜냐하면 자신은 어린 왕자에 의해 "길들지" 않았기 때문이라고 한다. 어린 왕자는 "길들이기"(apprivoiser)가 무슨 뜻이냐고 여우에게 묻는다. 그러자 여우가 대답한다. "그건 거의 잊힌 단어야. […] 그건 익숙해지기, 관계 맺기를 뜻해. […] 넌 나에게 단지 작은 아이일 뿐이야. 다른 무수한 작은 아이와 마찬가지지. 난 네가 필요 없어. 너도 내가 필요 없고. 너에게 난 무수한 여우 중 하나일 뿐이야. 하지만 네가 나를 길들이면, 우리는 서로가 필요하게 돼. 너는 나에게 유일무이하게 될 거야. 또 나는 너에게 온 세상에서 유일무이하게 될 테지."

강한 결속은 오늘날 점점 더 의미를 잃어간다. 그런 결속은 무엇보다도 비생산적이다. 오로지 약한 결속만 소비와 소통을 가속하니까 말이다. 요컨대 자본주의는 결속들을 체계적으로 파괴한다. 또한 오늘날에는 충심의 사물도 드물다. 충심의 사물은 일회용품에 밀려난다. 여우는 이렇게 말을 잇는다. "사람들은 무언가와 아는 사이가 될 겨를이 더는 없어. 사람들은 모든 것을 완제품으로 가게에서 사지. 그런데 친구를 파는 가게는 없기 때문에, 사람들은 이제 더는 친구가 없어." 생텍쥐페리가 오늘날 살아 있다면, 이제는 친구를 파는 가게도 존재한다고 주장할 수 있을 것이다. 그런 가게의 이름은 페이스북, 틴더 등이다.

어린 왕자는 여우와 마주친 후에야 비로소 왜 자신의 장미가 자신에게 그토록 유일무이한지 깨닫는다. "나의 장미는 내가 칸막이를 세워 보호했던 녀석이야. […] 또 나는 장미가 어떻게 투덜거리거나 떵떵거리는지, 또 때로는 침묵하는지 귀 기울여 들었어." 어린 왕자는 장미에게 "귀 기울임"으로써 시간을 준다. **귀 기울이기**는 **타자**에게 하는 행동이다. 진짜 경청자는 유보 없이 자신을 타자에게 내맡긴다. **내맡겨짐**이 없으면, 타자의 맞은편에서 '나'가 다시 머리를 든다. **타자 앞에서의 형이상학적 약함**은 책임의 윤리로서의 **경청의 윤리**를 위한 본질적 요소다. 강해지는 자아는 경청할 능력이 없다. 왜냐하면 그 자아는 어디에서나 자신의 말만 듣기 때문이다.

심장은 **타자**를 향하여 박동한다. 또한 충심의 사물에서도 우리는 **타자**와 마주친다. 충심의 사물은 흔히 **타자의 선물**이다. 오늘날 우리는 **타자를 위한 시간**이 없다. **자기의 시간**으로서의 시간은 우리로 하여금 타자를 못 보게 만든다. 오로지 **타자의 시간**만이 강한 결속을, 우정을, 바로 공동체를 만들어낸다. 타자의 시간은 **선한**gut 시간이다. 여우는 이렇게 말한다. "네가 너의 장미에게 줘온 시간이 너의 장미를 그토록 중요하게 만드는 거야. […] 사람들은 이 진실을 잊어버렸지. […] 하지만 넌 잊으면 안 돼. 네가 어떤 녀석을 너에게 익숙해지게 만들었다면, 넌 그 녀석에게 책임이 있어. 너는 너의 장미에게 책임이 있어."

여우는 어린 왕자가 늘 같은 시간에 자신을 찾아오기를, 어린 왕자의 방문을 리추얼로 만들기를 바란다. 어린 왕자는 리추얼이 뭐냐고 묻는다. 그러자 여우가 대답한다. "그것도 잊었지. […] 그건 어떤 날을 다른 날과 구별해주는 무언가, 어떤 시간을 다른 시간과 구별해주는 무언가야." 리추얼은 시간을 다뤄 집안에 들이기를 이뤄내는 기술이다.[131] 리추얼은 세계-안에-있음을 집안에-있음으로 만든다. 시간 안에서 리추얼은 공간 안에서 사물과 같다. 리추얼은 시간을 구조화함으로써 삶을 안정화한다. 리추얼은 **시간 건축물**이다. 시간을 구조화함으로써 리추얼은 시간을 거주 가능하게 만든다. 즉, 집처럼 드나들 수 있게 만든다. 오늘날 시간은 견고한 짜임새가 없다. 시간은 집이 아니라 격류다. 아무것도 시간에 멈춤을 주지 못한다. 급격히 흘러가는 시간은 거주 가능하지 않다.

리추얼도 충심의 사물도 삶의 안식처다. 그 안식처들이 삶을 안정화한다. 그것들의 특징은 반복이다. 생산 및 소비의 강제는 반복을 없앤다. 그 강제는 새로움 강제를 발생시킨다. 정보도 반복 가능하지 않다. 정보가 현재성을 띠는 시간이 짧다는 것만으로도 정보는 지속을 허문다. 정보는 늘 새로운 자극을 향한 강박을 일으킨다. 충심의 사물은 자극이 없다. 그렇기 때문에 그 사물은 반복 가능하다.

프랑스어 표현 "apprendre par coeur(심장으로 배우기)"(암기하기)는 반복을 통해 자기 것으로 만들기를 의미한다. 오로지 반복만이 심장에 도달한다. 심장의 리듬도 반복에 기반을 둔다. 모든 반복이 사라진 삶은 리듬이 없다. 박자가 없다. 리듬은 영혼도 안정화한다. 리듬은 그 자체로 불안정한 요소에 형태를 준다. "리듬은 (성공을 더 어렵게 만드는) 시간성이라는 조건 아래에서 형태가 이뤄내는 성취다."[132] 반복 불가능한 감정, 흥분, 체험의 시대에 삶은 형태와 리듬을 상실한다. 삶은 철저하게 덧없어진다.

충심의 사물의 시대, 충심의 시대는 지나가버렸다. 충심은 땅의 질서에 속한다. 하이데거의 집 현관문 위에는 이런 성경 구절이 적혀 있다. "온 정성으로 네 충심을 지켜라. 거기에서 생명이 나오기 때문이다."[133](역자가 나름대로 독일어 원문에 충실하게 옮김. 참고로 한글 새번역 성경의 번역은 이러하다. "그 무엇보다도 너는 네 마음을 지켜라. 그 마음이 바로 생명의 근원이기 때문이다."—옮긴이) 생텍쥐페리도 생명을 산출하는 충심의 힘을 언급한다. 여우는 헤어질 때 떠나는 어린 왕자에게 비밀 하나를 쥐여 준다. "아주 간단해. 충심으로 봐야만 잘 보여. 본질적인 것은 눈에 보이지 않아."

고요

신성함은 **고요의 사건**Ereignis der Stille이다. 그것은 우리를 **귀 기울이게** 한다. "**뮈에인**myein, 곧 '신성하게 하다'를 뜻하는 그리스어는 어원적으로 '닫다(맺다)schließen'를 뜻한다. 이 '닫다'는 눈을 감는다는 뜻도 되지만 무엇보다도 입을 다문다는 뜻이다. 성스러운 예식을 시작할 때 포고자布告者는 '고요'를 '명령했다'(epitattei ten siopen)."**134** 오늘날 우리는 **신성함이 없는 시대**에 산다. 우리 시대의 근본 동사는 "닫다"가 아니라 "**열다**", "눈을, 아니 무엇보다도 입을 열다"이다. 과도소통과 소통 소음은 세계를 탈신성화하고 세속화한다. 아무도 **귀 기울이지** 않는다. 누구나 **자기를 생산한다**(내보인다). 고요는 **아무것도 생산하지 않는다**. 그래서 자본주의는 고요를 좋아하지 않는다. 정보자본주의는 소통 강제를 낳는다.

고요는 **더 높은 질서**에 대한 주의注意를 강화한다. 이때 더 높은 질서는 반드시 지배 질서요 권력 질서여야 하는 것은 아니다. 고요는 더없이 평화롭고 심지어 우호적이며 아주 큰 행복을 줄 수 있다. 지배자는 예속된 자들의 침묵을 강제할 수 있지만, 강제된 침묵은 고요가 아니다. 참된 고요는 강제가 없다. 참된 고요는 아래로 짓누르지 않고 위로 들어 올린다. 참된 고요는 앗아가지 않고 선물한다.

세잔은 **고요를 만들기**가 화가의 과제라고 본다. 그가 보기에 생트빅투아르산은 **우뚝 솟은 고요 덩어리** 같다. 그는 그 침묵 덩어리에게 **복종해야** 한다고 느낀다. 수직적인 것, 우뚝 솟은 것은 고요를 명령한다. 세잔은 완전히 물러나서 **아무것도 아닌 자**Niemand가 됨으로써 고요를 만든다. 그는 **귀 기울이는 자**가 된다. "그의 모든 의지는 침묵해야 한다. 그는 자기 안의 모든 선입견의 목소리를 침묵시켜야 한다. 망각하고, 망각하고, 고요를 만들고, 완전한 메아리여야 한다. 그럴 때 빛에 민감한 그의 화판에 온 풍경이 모사될 것이다."**135**

귀 기울이기는 더없이 종교적인 태도다. 횔덜린의 휘페리온은 이렇게 말한다. "부드러운 공기의 물결이 내 가슴

께에서 살랑일 때, 나의 온 존재는 침묵하며 귀 기울인다. 드넓은 푸름 속으로 빠져들며 나는 자주 고개 들어 에테르를 바라보고 신성한 바다를 들여다본다. 나의 친척인 한 정신이 나에게 양팔을 활짝 벌리는 듯하고, 외로움의 고통이 신적인 삶 속으로 용해되는 듯하다. 이것이 인간의 천국이다. 살아 있는 모든 것과 하나 되기, 더없이 행복한 자기 망각 안에서 자연 전체로 돌아가기, 이것은 생각과 기쁨의 정점, 이것은 신성한 봉우리, 영원한 고요의 장소다."[136] 우리는 저 **신성한 침묵**을, 우리를 신적인 삶으로, 인간의 천국으로 상승시키는 그 침묵을 이제 더는 모른다. 더없이 행복한 자기 망각은 자아의 과도한 자기 생산에 밀려난다. 디지털 과도소통, 한계 없는 연결은 결속을, 세계를 산출하지 못한다. 오히려 그 과도소통과 연결은 개별화를 일으키고 외로움을 심화한다. 독자적으로 고립된, 세계 없는, 우울한 '나'는 행복을 주는 저 일반성으로부터, 저 신성한 봉우리로부터 멀어진다.

우리는 고요를 명령할 만한 모든 초월을, 모든 수직적 질서를 없앴다. 수직은 수평에 밀려난다. 아무것도 **우뚝 솟아 있지** 않다. 아무것도 **깊어지지** 않는다. 실재는 평평해져서 정보와 데이터의 흐름이 되었다. 모든 것이 확산하고 번성한다. 고요는 부정성이 나타나는 한 방식이다. 고요는 **배제적인** 반면, 소음은 허용적이고 외연적이며 과도한 소통의 결과다.

고요는 처분 불가능성에서 나온다. 처분 불가능성은 주의를 지속시키고 심화하며 관조적인 바라봄을 산출한다. 그 바라봄은 **길고 느린 것**에 대한 **인내력**이 있다. 모든 것이 처분 가능하고 도달 가능하면, 깊은 주의가 형성되지 않는다. 그럴 때 바라봄은 하염없이 머무르지 않는다. 바라봄은 사냥꾼의 시선처럼 이리저리 돌아다닌다.

니콜라 말브랑슈가 보기에 주의는 영혼의 자연적인 기도다. 오늘날 영혼은 더는 **기도하지** 않는다. 대신에 **자기를 생산한다**(내보인다). 외연적 소통은 영혼을 **흩뿌린다**. 오로지 기도와 닮은 활동들만이 고요와 조화될 수 있다. 관조는 생산의 반대다. 생산 및 소통 강제는 관조적 침잠沈潛을 파괴한다.

바르트에 따르면, 사진은 "고요해야" 한다. 그는 "요란한 사진"을 좋아하지 않는다고 한다. "사진을 정확히 음미하려면 머리를 쳐들거나 눈을 감는" 편이 더 낫다고 한다.[137] 사진의 풍크툼, 곧 **진실**은 고요 속에서, 눈을 감을 때 현현한다. 스투디움이 추구하는 정보는 시끄럽다. 정보는 지각에게 치근댄다. 고요가, 눈 감기가 비로소 **환상**의 물꼬를 튼다. 바르트는 카프카를 인용한다. "사람들은 사물을 감각에서 쫓아내기 위해 촬영한다. 나의 이야기들은 일종의 눈 감기다."**138**

환상이 없으면 **포르노**만 존재한다. 오늘날에는 지각 자체도 포르노의 특징들을 나타낸다. 지각은 단박 접촉으로서, 그야말로 이미지와 눈의 성기 결합으로서 이루어진다. **에로틱함**은 눈을 감을 때 발생한다. 고요가, 환상이 비로소 주체에게 **욕망**의 깊은 내면 공간을 열어준다. "오직 고요한 상태에서만, 고요를 위해 애쓸 때만 절대적 주체에 도달한다(눈 감기는 고요 속에서 이미지가 말하게 하기를 의미한다). 내가 사진을 그것의 통상적인 잡담에서 멀리 떼어놓을 때 […] 말없이 눈을 감을 때[…], 사진은 나를 감동시킨다."**139** 디지털 소통의 재앙은 우리가 눈 감을 겨를이 없다는 것에서 유래한다. 눈은 "끊임없이 마구 먹기"**140**를 강제당한다. 눈은 고요를, 깊은 주의를 잃는다. 영혼은 더는 **기도하지** 않는다.

소음은 음향적 오염일 뿐 아니라 시각적 오염이기도 하다. 소음은 주의를 더럽힌다. 미셸 세르는 세계의 오염을 동물성에서 기원한 점유占有 의지의 탓으로 돌린다. "호랑이는 자기 구역의 경계에 오줌을 싼다. 사자와 개도 마찬가지다. 이 육식 포유동물들을 비롯한 많은 동물들, 우리의 친척들이 세차게 뿜어지고 냄새가 독한 자신의 오줌으로 영역을 **표시한다**. 또한 울음이, 또는 되새나 나이팅게일에서처럼 […] 사랑스러운 노래가 영역 표시에 쓰인다."**141** 우리는 수프를 독차지하려고 수프 접시에 침을 뱉는다. 세계는 배설물과 물질적 쓰레기에 의해서뿐 아니라 소통 쓰레기와 정보 쓰레기에 의해서도 오염된다. 세계는 광고로 뒤덮인다. 모든 것이 주의를 끌려고 요란하게 외친다. "쓰레기와 광고판들이 지구를 완전히 접수할 것이다. […] 모든 산속 바위 하나하나에, 나뭇잎 각각에, 경작 가능한 땅뙈기 각각에 광고판이 박힐 것이다. 모든 채소에 글자가 적힐 것이다. […] 전설 속의 대성당처럼 모든 것이 기호의 쓰나미에 침몰할 것이다."**142**

반사물들이 사물들의 앞을 가로막고 사물들을 더럽힌다. 정보 쓰레기와 소통 쓰레기가 고요한 풍경을, 사물들의 은은한 언어를 파괴한다. "고압적인 철자들과 그림들은 우리를 강제로 읽게 하는 반면, 세계의 사물들은 우리 감각에게 의미 부여를 간청한다. 후자는 부탁하고, 전자는 명령한다. […] 우리의 생산물들은 이미 —뻔한— 의미를 지녔다. 그 의미는 덜 세련되고 더 쓰레기에 가까울수록 더 쉽게 지각된다. 그림들은 회화 쓰레기, 로고스는 글 쓰레기, 광고는 광경 쓰레기, 라디오 광고는 음악 찌꺼기 쓰레기다. 이 단순하고 저급한 기호들은 저절로 지각에 달라붙어 더 어렵고 은은하고 말 없는 광경을 가린다. 그 광경은 더는 보이지 않아서 흔히 몰락한다. 사물들을 구원하는 것은 지각이기 때문이다."[143]

연결망 내의 디지털 점거는 아주 많은 소음을 일으킨다. 영토를 얻기 위한 투쟁은 이제 주의를 끌기 위한 투쟁에 밀려난다. 점유의 형태도 전혀 달라졌다. 우리는 끊임없이 정보를 생산하고, 그 정보는 타자들에게서 **좋아요**를 받아야 한다. 오늘날 나이팅게일은 타자들을 위협하여 쫓아내기 위해 지저귀지zwitschern 않는다. 오히려 타자들을 꾀어 들이기 위해 **트윗**한다(영어 twitter는 독일어 zwitschern에 해당함—옮긴이). 우리는 타인들이 먹지 못하게 하려고 수프에 침을 뱉지 않는다. 오히려 우리의 구호는 **공유**다. 지금 우리는 모든 것을 모두와 **공유**하고자 한다. 그리하여 요란한 정보 쓰나미가 발생한다.

사물들과 영토들은 땅의 질서를 규정한다. 그것들은 소음을 내지 않는다. 땅의 질서는 고요하다. 디지털 질서는 정보에 의해 지배된다. 고요는 정보에게 낯설다. 고요는 정보의 본질에 반한다. 고요한 정보는 형용모순이다. 정보는 우리에게 추근거리고 우리의 주의를 청구함으로써 우리에게서 고요를 앗아간다. 고요는 주의의 한 현상이다. 오로지 깊은 주의가 고요를 낳는다. 반면에 정보는 주의를 잘게 토막 낸다.

니체에 따르면, "자극에 곧바로 반응하지 않을 능력"은 "고상高尚한 문화"에 속한다. 그 능력은 "억제하는 본능, 끝맺는 본능"을 발전시킨다. 사람들은 "모든 유형의 낯선 것, **새로운 것**의 접근을 일단 적대적인 고요로 맞이해야" 한다. "모든 문을 열어놓은 상태", "언제든지 불쑥 타인들과 타자 안으로 **뛰어들** 용의가 있는 상태", 요컨대 "자극에 저항할 능력의 결여"는 정신에게 파괴적이다. "반응하지 않을" 능력의 결여는 "병약함", "쇠퇴", "소진消盡의 증상"이다.[144] 전면적인 허용성과 침투 가능성은 고상한 문화를 파괴한다. 우리는 끝맺는 본능을, 들이닥치는 자극을 향해 아니라고 말할 능력을 점점 더 잃어간다.

능력의 두 가지 형태를 구별해야 한다. 긍정적 능력은 무언가를 할 능력이다. 부정적 능력negative Potenz은 **아무것도** 하지 **않을** 능력이다. 이 능력은 무언가를 할 능력의 결여와 동일하지 않다. 부정적 능력은 긍정적 능력의 부정이 아니라 독자적으로 하나의 능력이다. 부정적 능력은 정신이 고요하고 관조적인 방식으로 하염없이 머무를 수 있게 해준다. 즉, 깊은 주의에 이를 수 있게 해준다. 부정적 능력이 없으면, 우리는 파괴적인 **과도활동**에 빠진다. 우리는 소음 속으로 침몰한다. 오로지 부정적 능력을 강화함으로써만 고요를 재건할 수 있다. 그러나 현재를 지배하는 소통 강제는 부정적 능력을 작심하고 파괴한다. 소통 강제는 알고 보면 생산 강제다.

오늘날 우리는 끊임없이 **우리 자신을 생산**한다. 이 **자기 생산**은 소음을 일으킨다. 고요를 만들기란 **물러나기**sich zurücknehmen를 뜻한다. 고요는 **무명성**無名性**의 한 현상**이기도 하다. 나는 **나 자신의 주인, 내 이름의 주인**이 아니다. 나는 나를 방문하는 **손님**, 내 이름을 빌려 쓰는 임차인일 따름이다. 미셸 세르는 자신의 이름을 해체함으로써 고요를 만든다. "나는 실제로 '미셸 세르'라고 한다. 사람들이 이 이름을 나의 **고유한** 이름이라고 하기 때문에, 나의 언어와 사회는 나 자신이 이 두 단어에 대한 **소유권**을 가졌다는 믿음을 부추긴다. 그런데 나는 미셸, 미구엘, 미하엘, 마이크, 미하일을 수백 명 안다. 당신도 세레, 시에라를 안다. '후니페로 세라'들은 우랄 알타이어 산맥 이름에서 유래했다. 나는 이름이 나와 똑같은 사람과 몇 번 마주쳤다. […] 이처럼 고유한 이름들은 때로는 일반적인 이름들을, 심지어 때로는 장소들을 모방하거나 반복한다. 예컨대 나의 고유한 이름은 프랑스나 이탈리아나 콘월에 있는 몽생미셸을, 나란히 늘어선 세 장소를 인용한다(프랑스 노르망디의 몽생미셸과 같은 뜻을 지닌 비슷한 곳으로 잉글랜드 콘

월의 세인트 미카엘스 마운트, 이탈리아 토리노의 사크라 디 산 미켈레가 있다—옮긴이). 우리는 다소 화려한 장소들에서 산다. 나는 '미셸 세르'라고 한다. 이 이름은 점유된 것이 전혀 아니라 **임대된** 것이다."**145** 바로 이름의 점유가 많은 소음을 유발한다. 강해지는 자아는 고요를 파괴한다. 내가 물러날 때, 내가 **무명성** 안에서 나를 상실할 때, 내가 철저히 **약해질** 때, 고요가 지배한다. "부드럽다. 무슨 말이냐면, 가볍고 덧없다. 부드럽다. 무슨 말이냐면, 몰아적没我的이고 약하다. 부드럽고 하얗다. 부드럽고 평화롭다."**146**

니체는 고요가 나의 퇴각과 짝을 이룸을 알았다. 고요는 나에게 귀 기울이기와 경청하기를 가르친다. 니체는 요란한 이름 점유를 "충심의 천재Genie des Herzens"와 맞세운다. "충심의 천재 [⋯], 모든 소리와 우쭐함을 잠재우고 귀 기울이기를 가르치는 그것, 거칠한 영혼들을 매끄럽게 하고 그들에게 새로운 맛보기 욕구를 주는 그것, ―거울처럼 고요히 누워 깊은 하늘이 그들에게 반영되기를 바라는 욕구를 주는 그것 [⋯] 충심의 천재와 접촉하면 누구나 더 풍요로워져서 떠나간다. [⋯] 어쩌면 더 불안정해져서, 더 부드럽고 더 부서지기 쉽고 더 많이 부서져서 [⋯]"**147** 니체의 "충심의 천재"는 **자기를 생산하지** 않는다. 오히려 그 천재는 **이름 없음** 안으로 퇴각한다. 권능을 향한 의지로서의 점유 의지는 뒤로 물러난다. 권능은 **우호성**으로 뒤집힌다. "충심의 천재"는 **약함의 힘**을 발견하고, 그 힘은 **고요의 찬란함**으로 표출된다.

고요 속에서, **커다란 고요** 속에서 비로소 우리는 우리를 능가하는 **이름 없음**과 관계 맺는다. 그 이름 없음 앞에서 우리의 이름 점유 노력은 창백하게 빛바랜다. 저 천재도 이름 위로 솟아 있다. "모든 사람은 태어날 때 그 천재를 보호하는 일을 위탁 받는다."[148] 그 천재는 삶을 나의 가련한 생존 그 이상으로 만든다. 그 천재는 무시간적 현재zeitlose Gegenwart를 상징한다. "천재의 아이 같은 얼굴과 떨리는 긴 날개는 천재가 시간을 모른다는 것을 보여준다. […] 따라서 생일은 지나간 날의 기념일일 수 없다. 대신에 모든 참된 축제와 마찬가지로 생일은 시간의 거둬짐Aufhebung der Zeit, 천재의 현현과 여기-있음 Anwesenheit이다. 우리는 이 천재의 여기-있음을 우리 자신으로부터 밀어낼 수 없으며, 이 여기-있음은 우리가 우리 자신을 실체적 정체성 안에 넣어 격리하지 못하게 막는다. 천재는 나의 자기 충족에 대한 요구를 산산이 깨부순다."[149]

절대적으로 고요한 지각은 노출시간을 아주 길게 설정하고 사진을 찍는 것과 유사하다. 다게르의 사진 〈탕플

대로Boulevard du Temple〉에 담긴 광경은 실은 매우 활기찬 파리의 거리다. 그러나 다게레오타이프 사진에 전형적인 극도로 긴 노출시간 때문에 움직이는 모든 것이 사라졌다. 오로지 **고요**히 서 있는 것만 보인다. 〈탕플 대로〉가 주는 인상은 작은 마을의 평온함에 가깝다. 건물들과 나무들 말고는 단 한 명의 사람만 알아볼 수 있다. 그 남자는 구두닦이 서비스를 받는 중이어서 가만히 앉아 있다. 이처럼 **길고 느린 것에 대한 지각**은 오직 고요한 사물들만 알아본다. 서두르는 모든 것은 사라질 운명이다. 〈탕플 대로〉는 신의 눈으로 본 세계로 해석될 수 있다. 세계를 구원하는 신의 바라봄은 오직 관조적으로 멈춰 하염없이 머무르는 사물들만 포착한다. **고요다. 고요가 구원한다.**

주크박스에 관한 여담

2017년 어느 날 이른 저녁에 나는 베를린 쇠네베르크 구역에서 자전거를 타고 있었다. 갑자기 강한 소나기가 퍼붓기 시작했다. 나는 약간 내리막인 크렐레 가를 너무 빠르게 달리다가 급기야 미끄러져 바닥에 내동댕이쳐졌다. 애써 다시 일어났을 때 나는 반쯤 쇠락한 주크박스 가게가 앞에 있는 것을 보았다. 당시까지 나는 문학이나 영화에서만 주크박스를 접했으므로 부푼 호기심으로 가게에 들어갔다. 가게 소유주인 늙수그레한 부부는 내가 들어오는 것을 보고 약간 놀랐다. 그곳에서 길을 잃는 사람은 거의 없는 듯했다. 나는 꿈을 꾸는 듯한 느낌이 살짝 들었다. 가게 곳곳에 놓인 수많은 오래된 대상들과 무대용 소도구들 때문에 어쩐지 내가 시간 밖으로 나온 것 같았다. 나의 지각이 붕 뜬 것처럼 불안정해진 것은 아마 조금 전 충돌의 아픔 때문이기도 했을 것이다. 베를린 쇠네베르크에서 당한 그 자전거 사고는 시간에 균열을 내고 나에게 **사물들의 세계로의** 시간여행을 선사했다.

나는 주크박스들의 매력에 깊이 빠져들었다. 마치 신기한 사물들로 가득 찬 동화의 나라에서처럼 나는 주크박스들을 차례로 구경했다. 가게의 이름은 "주크랜드 Jukeland"였다. 그곳에서 사물들은 낯선 아름다움으로 빛났다. 특히 AMi 상표가 붙은 청록색 주크박스가 내 눈에 띄었다. 1950년대에 생산된 제품이었다. 그 "은 시대Silve Age"에 주크박스는 자동차 디자인의 스타일 요소들을 넘겨받았다. 이를테면 테일 핀, 파노라마 유리창, 후미등이 주크박스에 도입되었다. 덕분에 그 시대의 주크박스들은 반짝이는 크롬 부품이 많이 장착된 구식 자동차 같은 인상을 풍긴다. 나는 커다란 파노라마 창이 달린 그 청록색 주크박스에 곧바로 매료되었고 **그것을 소유하기로** 확고부동하게 결정했다.

그 주크박스를 사들였을 때 내가 살던 거처 안에 있는 것이라고는 낡은 그랜드피아노와 금속으로 된 의사용 테이블Arzttisch 하나가 다였다. 나머지 공간은 비어 있었다. 당시에 나는 텅 빈 거처에서 살고 싶었다. 그랜드피아노도 의사용 테이블도 공허를 단절하지 않았다. 그것들은 공허를 더 강화하기까지 했다. 나는 그것들과 동맹을 맺은 셋째 사물이 되었다. 공간 안에 고요하고 이름 없는 사물로서 있는 것은 구원받는 것과 다름없다고 할 만했다. 공허는 공간 안에 아무것도 없음을 의미하지 않는다. 공허는 집약성, 집약적인 현재다. 공허는 고요의 공간적 현상이다. 공허와 고요는 자매 사이다. 고요도 소리가 들리지 않음을 의미하지 않는다. 특정한 소리들은 고요를 오히려 도드라지게 만들 수 있다. 고요는 **주의의 집약적 형태**다. 책상이나 그랜드피아노 같은 사물들은 주의를 속박하고 구조화함으로써 고요를 산출한다. 오늘날 우리는 반사물들에 둘러싸여 있다. 우리의 주의를 잘게 토막 내는 산만한 정보들에 둘러싸여 있다. 그렇게 반사물들은 고요를 파괴한다. 설령 반사물들이 소리를 내지 않더라도 말이다.

나는 낡은 그랜드피아노가 있는 방안에 주크박스를 놓았다. 당시에 나는 그랜드피아노에서 불굴의 의지로 〈골드베르크 변주곡〉의 〈아리아〉를 연습하고 있었다. 피아노 교습을 받아본 적 없는 사람에게는 매우 벅찬 도전이었다. 그랜드피아노 앞에 앉으면 나 자신이 처음으로 글자를 배우는 아이처럼 느껴졌다. 글자 배우기는 기도와 닮은 구석이 있다. 내가 그 아리아 전체를 외워서 연주할 수 있게 되기까지 2년 넘는 세월이 걸렸다. 그때 이후 나는 그 아리아 연주를 기도처럼 반복한다. 널찍한 날개 같은 뚜껑이 달린 그 아름다운 사물은 나의 마니차(티벳 불교에서 기도할 때 돌리는 원통 모양의 도구—옮긴이)가 되었다.

나는 밤에 자주 그 음악실로 가 어둠 속에서 주크박스에 귀 기울였다. 스피커 앞면 격자무늬에서 나오는 여러 색깔의 빛은 어둠 속에서 비로소 완전한 효과를 냈다. 그 빛은 주크박스에 에로틱한 면모를 제공했다. 주크박스는 알록달록한 색등들로 어둠을 밝히며 사물 마법을 일으켰고, 나는 그 마법에 빠져들었다.

주크박스는 음악 듣기를 더없이 즐거운 시각적, 청각적, 촉각적 경험으로 만든다. 하지만 매우 번거롭고 시간 집약적인 것은 사실이다. 나는 주크박스를 늘 사용하지는 않으므로, 우선 그 장치를 전원에 연결해야 한다. 주크박스 내부의 진공관들이 데워지려면 어느 정도 시간이 걸린다. 나는 동전을 투입한 다음에 조심스럽게 단추들을 누른다. 그러면 요란하게 덜거덕거리며 온갖 기계장치가 작동하기 시작한다. 턴테이블이 윙윙거리며 돌기 시작하고, 판 교환기의 팔이 정확한 동작으로 판을 올려놓는다. 톤암tone arm은 판 위에 도달하기 전에 아주 작은 솔을 스치고 지나간다. 바늘에 묻은 먼지를 떨어내기 위해서다. 이 모든 것이 마법 같다. 매번 나를 경탄시키는 사물 마법.

주크박스는 **사물 소음**을 일으킨다. 주크박스는 자신이 사물임을 작심하고 알려주려는 듯하다. 주크박스는 덩치가 상당히 크다. 그의 둔중한 소리는 배에서 나온다. 그 소리는 마치 그의 욕망의 표현이기라도 한 것 같다. 디지털 소리는 어떤 사물 소음도 동반하지 않는다. 그 소리는 몸이 없고 매끄럽다. 주크박스가 음반과 진공관 앰프로 산출하는 소리는 디지털 소리와 근본적으로 다르다. 전자는 **사물적**이고 **신체적**이다. 그 **울리는** 소리는 나를 어루만져 소름이 돋게 한다.

주크박스는 진정한 **상대**의 역할을 한다. 그는 육중한 그랜드피아노와 마찬가지로 **맞몸**Gegenkörper이다. 내가 주크박스 앞에 서거나 그랜드피아노를 연주할 때, 나는 속으로 생각한다. '행복을 위해서 우리는 우리 자신을 능가하는 **우뚝한 상대**를 필요로 한다.' 디지털화는 모든 **상대**를, 모든 **맞섬**Gegen을 없앤다. 그리하여 우리는 떠받치는 자, 우뚝 솟은 자, 고양하는 자에 대한 느낌을 아예 상실한다. 상대가 없으므로, 우리는 끊임없이 우리의 자아로 되떨어지고, 그 결과로 우리는 세계를 상실한다. 즉, 우울해진다.

　주크박스는 나를 1960년대와 1970년대에 유행한 낯선 팝 음악의 세계로 데려갔다. 번호가 매겨진 제목들의 목록에서 나에게 익숙한 노래는 단 한 곡도 없었다. 그래서 처음에 나는 그냥 아무렇게나 단추들을 누르고 낯선 세계로 들어갔다. 선택할 만한 곡들도 있었는데, 예컨대 조니 레이의 〈크라이Cry〉, 바비 다린의 〈드림 러버 Dream Lover〉, 샘 쿡의 〈원더풀 월드Wonderful World〉, 글렌 밀러의 〈인 더 무드In the Mood〉, 디 에젤스의 〈라마 라마 딩 동Rama Lama Ding Dong〉, 차라 레안더의 〈언젠가 기적이 일어날 걸 난 알아요〉, 알 마티노의 〈여기 내 마음속에Here In My Heart〉, 더 크리스탈스의 〈그가 내게 입맞추었네He Kissed Me〉, 폴 앵카의 〈사랑한다고 말해줘Tell Me That You Love Me〉가 그러했다. 이 제목들은 그 시절의 세계는 어떤 식으로든 오늘날보다 더 낭만적이고 더 꿈속 같았던 것이 틀림없음을 짐작게 했다. 주크박스의 중앙에는 빨간색 가격표가 마르크와 페니히 단위로 적혀 있었다. 나는 주크박스를 소유한 행운아이므로, 사용료를 조정하는 단추를 조작할 수 있다. 그러나 이제껏 그 단추를 건드리지 않았다. 떨어지는 동전이 일으키는 특유의 소음은 뿌득거리는 음반의 잡음과 마찬가지로 주크박스에서 나야 마땅하다. 그 동전 소리는 내가 놓치고 싶지 않은 아름다운 사물 소음 중 하나다. 다름 아니라 지금이 유튜브의 시대여서 나는 아름다운 음악을 듣기 위해 내가 돈을 지불한다는 점이 특히 마음에 든다. 동전은 마법에 걸린 세계로 들어가기 위한 입장권이다.

이 모든 즐거움에도 불구하고 나는 늘 다시 묻게 된다. 내 주크박스는 평생 동안 과연 어떤 장소들에 놓여 있었을까? 그의 삶은 파란만장했던 것이 틀림없어 보인다. 그의 몸에 눈에 띄는 역사의 흔적들이 있다. 나는 사물 세계의 관상학자였으면 좋겠다. 사물 세계의 예언가였으면 좋겠다. 나의 조용한 방은 어쩌면 주크박스에게 적합한 장소가 아닐 것이다. 책상 앞에 앉아서 나는 가끔 주크박스의 외로움, 주크박스의 고립을 등으로 느낀다. 내가 그 주크박스를 제자리에서 벗어나게 했다는 느낌, 이 경우에 소유는 모욕이라는 느낌이 자주 나를 덮친다. 하지만 오늘날 그 주크박스가 과연 어디에 놓여 있을 수 있겠는가? 그렇다, 우리는 사물과 더불어 **장소**를 잃어간다. 나는 나의 소유가 그 주크박스를 최종적인 사라짐에서 구해낸다는 생각, 내가 그를 유용해지기 위한 강제 노역에서 해방한다는 생각, 내가 그를 충심의 사물로 변신시킴으로써 그에게서 상품의 성격을 제거한다는 생각을 위안으로 삼는다.

페터 한트케가 보기에 주크박스는 독자적으로 고립된 사물이 아니라 **장소 존재**Ortswesen다. 주크박스는 장소의 중심을 이룬다. 〈주크박스에 관한 실험Versuch über die Jukebox〉에서 주인공은 "주크박스 장소들"을 향해 떠난다. 마치 중력의 중심처럼 주크박스는 자기 주위의 모든 것을 한 **장소로 그러모으고 조율한다**. 주크박스는 **장소를 창출한다**. 그는 장소에 **고요한 윤곽**을 부여한다. 독자는 사물의 장소 되기와 세계 되기에 몸소 참여한다. "바에 주크박스가 놓여 있고, 그 아래 낮의 열기 때문에 활짝 열어놓은 창이 있다. 문도 바깥의 철길 갈림목을 향해 열려 있다. 그 밖에 다른 가구는 술집 안에 거의 없다. 드문 가구마저 구석으로 치워져 있고, 지금은 걸레질이 한창이다. 주크박스가 내는 알록달록한 빛이 젖은 인조석 바닥에서 반사한다. 바닥이 마르면서 차츰 사라지는 광채. 술집 아가씨의 얼굴이 창 너머로 아주 창백하게 보인다. 바깥에서 기다리는 여행자 한 쌍의 그은 얼굴과 뚜렷이 대조된다. 트리에스트와 베네치아를 오가는 급행열차가 떠나고 나니, 건물이 텅 빈 듯하다. 유일하게 청소년 둘이 벤치 위에서 소리 지르며 싸운다. 이 순간 철도역은 그들의 놀이터다. 저 멀리 소나무들 사이 암흑에서 벌써 나방들이 날아오른다. 오래전에 봉인된 화물열차가 덜컹거리고 탕탕거리며 지나가고, 유일하게 반짝이는 것은 차량들의 외벽에서 줄에 매달려 흔들리는 작은 납 봉인들. 곧이어 고요와 함께―지금은 마지막 제비와 첫 박쥐 사이의 시간―주크박스의 선율이 그 장소에 들어선다."[150]

한트케는 주크박스를 명시적으로 **사물**이라고 칭한다. 지금 거론되는 것은 "그의 사물"[151], "휴식의 사물"[152], 혹은 "무지개색으로 빛나는 막강한 사물"[153]이다. 주인공은 사물의 깊은 의미를 확신한다. 어느새 우리는 그 의미를 완전히 잃어버렸지만 말이다. "그가 자신의 주크박스가, 이 어제의 대상이 아마 또 한 번의 미래도 없이 사라지는 것을 아쉬워했단 말인가? 아니다. 그는 다만, 그것이 그의 시야에서 벗어나기 전에, 누군가에게 사물이 무엇을 의미할 수 있는지, 그리고 무엇보다도 한낱 사물에서 무엇이 나올 수 있는지 기록하고 인정하고자 했을 뿐이다."[154]

사물들이 비로소 세계를 보여준다. 사물들이 **가시성**을 만들어낸다. 반면에 반사물들은 가시성을 파괴한다. 사물들은 **광경**Blick을, 바로 **장소 광경**Ortsblick을 연다. 주크박스 앞에서 화자에게 다른 때라면 간과되었을 모습들이 나타난다. 인간과 동물을 막론하고 모든 것이 **거주자**로, **장**

소의 정착자로 변신한다. **장소의 정물화**(고요한 삶)Stilleben가 발생한다. 그 정물화에서 모든 것은 서로 이웃하여 **고요한 사물공동체** 안에 든다. "갑자기 그 구역 곳곳에서 이제껏 간과된 모습들이 나타난다. 회양목 곁 벤치 위에 잠든 사람. 화장실 뒤 풀밭에는 어느 군부대 전체가 주둔했는데 짐은 흔적조차 없다. 우디네 행 열차가 출발하는 플랫폼에는 역시 짐 없이 셔츠와 바지만 입은 채 기둥에 기대어 독서에 몰두하는 덩치 큰 흑인. 저 뒤쪽 우거진 소나무 숲에서 거의 간격 없이 거듭 곡선을 그리며 나는 비둘기 한 쌍. 이들 모두가 여기에서 여행자가 아니라 거주자인 듯하다. 철도역 경내의 정착자들인 듯하다."[155] 장소의 정착자들은 "짐이 없다." 그들은 여행하지 않는다. 그들은 **하염없이 머무른다.** 사물로서의 주크박스에서 **하염없이 머무르기의 마법**이 나온다.

한트케는 주크박스가 주위의 모든 것에 집약적인 현재를, 여기 있음을 제공한다고 암시한다. 주크박스 근처에서 모든 평범함은 **여기 있음이라는 사건**이 된다. 덧없는 현상들을 **여기 있음**을 중심으로 응축하고 심화하는 중력이 사물에서 나온다. **사물 마법**이란 여기 있음을, 강화되고 집약된 현재를 낳기다. "다른 때에도 곁에 있던 것이 그의 사물 근처에서는 완전히 고유한 현재성을 얻었다.

저 술집에서 그는 가급적 실내 전체뿐 아니라 틈새 너머 외부까지 보이는 자리에 앉았다. 그러면 주크박스와 연합하여, 고삐 풀린 공상과 더불어, 그에게 몹시 거슬리는 관찰 없이, 흔히 자기 강화에, 혹은 바로 현재화되기 Gegenwärtigwerden에, 또한 다른 바라봄들에 이르렀다. 그리고 그 바라봄에서 현재화되는 것은 눈에 띄는 것들이나 자극들이라기보다 통상적인 것들, 익숙한 형태들이나 색깔들이었는데, 그런 강화된 현재는 그에게 소중한 무언가로 느껴졌다. 그것보다 더 귀중한 것, 전승할 가치가 더 큰 것은 없었다. […] 그러면 그것은 그냥 무언가를 **의미했다**besagen. 한 남자가 걸어갔을 때, 덤불이 흔들렸을 때, 무궤도전차가 노란색이었고 철도역으로 방향을 틀었을 때, 교차로가 삼각형을 이뤘을 때, 술집의 여직원이 문가에 서 있었을 때, 당구대 가장자리에 초크가 놓여 있었을 때, 비가 왔을 때, 그리고, 그리고, 그리고."**156** 주크박스의 마법은 그 사물이 주변적인 것들, 아무것도 아닌 것들, 평범한 것들, 통상적인 것들, 또는 덧없는 것들에게 현재를, 여기 있음을, 집약성을 부여하는 것에 있다. 사물은 **존재**를 강화한다. 덧없는 광경들에 말하자면 "관절"이 설치된다. 정말이지, 뼈와 틀이 설치된다. 그리하여 광경들은 **지속**을 획득한다.

또 다른 주크박스는 특별한 공간 사건으로 서술된다. 주인공은 리나레스 세르반테스 가의 어느 뒷골목 반지하 술집에서 그 두 번째 주크박스와 마주친다. 술집은 크기가 고작 창고만 하다. 그러나 주크박스가 공간 기적을 일으킨다. 주크박스의 음악이 공간을 넓힌다. **공간**을 창출하는 것은 사물의 본질에 속한다. "주인장은 늙은 남자, 주크박스와 함께 거의 늘 홀로 있다(손님이 오면 우선 큰 전등을 켰지). 이 주크박스는 특이하게도 모든 제목 표시란이 비어 있었다. […] 그 빈 띠의 맨 앞 토막에만 철자 숫자 조합들이 적혀 있다. 하지만 대신에 벽에는 온통, 가로 세로로, 천장까지 음반 재킷들이 붙어 있고, 제목 옆에 해당 부호가 손으로 적혀 있었다. 그래서 언제나 요구가 있을 때 그 기계를 켜면, 원하는 음반을 재생할 수 있었다(풀을 실컷 뜯어먹은 듯한 그 사물의 배는 알고 보니 음반들로 가득 차 있었지). 작은 지하실 안에서, 강철 속 깊은 곳에서 단조롭게 쿵쿵거리는 소리와 함께 갑자기 아주 많은 공간이 나타났고, 저 장소에서, 스페인적인 강제와 그 자신의 고유한 강제의 한복판에서 아주 많은 고요가 퍼져 나갔다."[157]

나는 하이데거의 기술 비판에 제한적으로만 동의할 수 있다. 틀림없이 하이데거는 주크박스를 자신의 사물 컬렉션에 수용하지 않으려 할 성싶다. 그가 꼽는 사물의 예들은 거울Spiegel과 죔쇠Spange, 책Buch과 그림Bild, 왕관 Krone과 십자가Kruez다. 이것들의 독일어 명칭들이 갖춘 두운은 사물들 사이의 조화를 떠올리게 한다. 기술적 장치는 하이데거의 사물 컬렉션에 속하지 못한다. 심지어 보석Juwel과 주크박스Jukebox의 독일어 명칭 사이에 성립하는 두운도 주크박스에게 사물의 지위를 마련해주지 못할 것이다. 기술은 마법의 면모를 지녔다. 내가 처음에 전공했던 금속공학도 나에게는 연금술처럼 느껴졌다. 노발리스가 광산학과 광물학을 전공한 것은 우연이 아니다. 〈하인리히 폰 오프터딩엔〉에서 주인공은 지하 통로들 안에서 "우리의 은밀한 현존재와 더 가까운 관계를 맺고 있는 사물들에서 경이로운 기쁨을"[158] 느낀다.

주크박스는 자동기계다. 주크박스는 음악 자동기계의 오랜 전통을 잇는다. 낭만주의자들은 자동기계에 매혹되었다. 호프만은 한 단편소설에 〈자동기계Die Automate〉라는 제목을 붙이기까지 했다. 그 작품의 주인공은 기계인형, 터키인 예언자 인형이다. 질문을 받으면 그는 대답을 내놓는데, 그 대답은 "매번 질문자의 개인성을 때로는 무미건조하게, 때로는 상당히 무례한 해학으로 깊이 응시하면서도 총명하고 재치가 넘쳤으며 경이롭게도 아픔을 일으킬 정도로 정확했다."[159] 아마존의 "알렉사"는 자동기계가 아니라 정보기계다. 정보기계에는 어떤 사물 마법도 없다. 머지않아 인공지능이 정보기계에게 예언을 가르쳐줄 가능성이 충분히 있다. 하지만 그 예언은 알고리즘의 **계산**이다. 계산에는 어떤 마법도 없다. 모든 것이 계산 가능해지면, 행복(운수)Glück은 사라진다. 행복은 어떤 계산으로도 가둘 수 없는 **사건**이다. 마법과 행복은 밀접한 관련이 있다.[160] 계산 가능한(예측 가능한), 최적화된 삶은 마법이 없다. 바꿔 말해, 행복이 없다.

내 주크박스는 절반이 금속으로 되어 있다. 왜냐하면 "은 시대"에 제작되었기 때문이다. 체형이 정말 아름답다. 금속은 환상적인 물질이다. 나는 여러 해 동안 금속의 신비로운 내면의 삶을 공부했다. 금속공학을 공부할 때 나는 금속이 살아 있는 유기체처럼 행동한다는 생각을 자주 했다. 예컨대 금속은 정말 다양하게 변신한다. 금속에 대해서도 〈변신 이야기Metamorphosen〉를 쓸 수 있다. 나의 서가에는 폴 슈몬의 《금속 변환Transformations in Metals》이 철학책들과 나란히 꽂혀 있다. 이 책은 내가 금속공학을 공부하면서 철학을 전공하기로 결심하기 전에 마지막으로 읽은 책이다. 나는 이 책을 추억의 기념품으로 소장하고 있다. 그 시절에 내가 이 책을 이북으로 읽었다면, 나는 회상을 위해 언제든지 다시 손에 쥘 수 있는 충심의 사물을 하나 덜 갖게 되었을 것이다. 정말이지, 사물은 시간을 잡을 수 있게 만든다. 한편, 리추얼은 시간을 드나들 수 있게 만든다. 누렇게 변색한 종이와 그것의 냄새는 나의 충심을 따뜻하게 한다. 디지털화는 회상과 맞닿음을 파괴한다.

물질이 살아 있지 않다는 믿음은 필시 오류다. 물질은 나를 매혹한다. 오늘날 우리는 **물질의 마법** 앞에서 완전히 눈뜬장님이다. 세계의 디지털 탈물질화는 물질을 사랑하는 이에게 고통스럽다. 연금술이 다루는 모든 금속은 살아 있다는 바르트의 말에 나는 동의할 수 있다. 들뢰즈는 《천의 고원》에서 이렇게 쓴다. "**무기적 생명**이라는 경이로운 관념은 […] 금속공학이 귀띔해준 것이다."[161] 금속공학자에게는 모든 것이 살아 있는 것으로 보인다. 금속공학자는 **낭만주의자**, "방랑자"다. "왜냐하면 그는 지하의 물질 흐름을 따라가기 때문이다." 연금술로서의 금속공학에 대하여 들뢰즈는 이렇게 쓴다. "금속공학과 연금술 사이의 관련이 금속의 상징적 가치에, 또 그 가치와 유기적 영혼의 대응에 기반을 둔다고 융은 믿었지만, 실제로 그 관련은 모든 물질의 신체성에 내재하는 힘에, 그리고 그 힘이 동반한 단체정신Korpsgeist에 기반을 둔다."[162]

디지털화의 물결에 휩쓸려 우리는 모든 물질 의식을

상실했다. 세계의 재낭만화는 세계의 재물질화를 전제해야 할 것이다. 우리가 지구를 이토록 야만적으로 착취하는 것은, 우리가 물질을 죽은 것으로 단정하고 땅을 자원으로 격하하기 때문이다. '지속 가능성'만으로는 우리가 지구를 대하는 태도를 근본적으로 고치기에 충분하지 않다. **땅과 물질에 대한 전혀 다른 이해가 필요하다.** 미국 철학자 제인 베넷은 저서 《생동하는 물질Vibrant Matter》에서 다음과 같은 견해를 출발점으로 삼는다. "죽어 있거나 철저히 도구화된 물질의 이미지가 인간의 오만과 지구를 파괴하는 우리의 정복환상 및 소비환상을 키운다."[163] 물질을 다루는 **새로운 존재론**, 물질을 생동하는 놈으로 경험하는 존재론이 생태학에 선행해야 한다.

주크박스에서 나오는 음악은 바르트의 사진처럼 **외형질**이요 지시 대상의 **유출**이다. 그 음악은 부활과 관련이 있다. 죽은 자들이 되살아나 회전무대에 오른다. 나는 누구보다도 프랑스 가수 바르바라Barbara를 주크박스를 통해 되살리고 싶었다. 나는 그 여가수를 무척 좋아한다. 몇 년 전에 나는 그녀에 관한 영화를 찍기로 했다. 그래서 그녀의 사망 20주기에 맞춰 내 영화 카메라를 가지고 파리로 갔다. 나는 바르바라의 노래를 부르며 파리를 누비면서 영화를 촬영했다. 비투뤼브 가에 위치한 그녀의 집 앞을 지나가면서, 바뇌 묘지에 있는 그녀의 무덤 앞에서, 퐁뇌프 다리 위에서 **촬영**했다. 주크박스는 바르바라를 몸소 다시 여기에 있게 만든다. 주크박스는 **여기 있음 매체** Präsenz-Medium다. 가시적인 음반의 홈을 나는 그녀 몸의 흔적으로 느낀다. 그 홈은 그녀의 가녀린 몸에서 나온 울림이다.

나는 바르바라의 주크박스용 음반들을 유럽 전역에서 사 모았다. 알고 보니 판매자들은 한결같이 사물 애호가였다. 〈당신이 언제 돌아올지 말해줘Dis, quand reviendras-tu〉 음반은 어느 벨기에인에게서 샀는데, 그는 소포에 벨기에의 아름다운 옛날 우표 30장을 붙여서 보냈다. 그렇게 그는 소포를 아름다운 사물로 변신시켰다. 나는 우표 한 장을 알아보기까지 했다. 그것은 내가 어린 시절에 모은 우표들 중 하나였다.

벨기에에서 온 그 소포는 다른 아름다운 사물들과 함께 서랍 안에 고이 모셔졌다. 내가 35년 전 프라이부르크 대학교에서 공부할 때 사들인, 정교한 조각 장식이 새겨진 오래된 회중시계, 어느 친구가 사준 은색 융한스 Junghans 손목시계(그 친구도 똑같은 시계를 찬다), 내가 가죽띠와 쇰쇠가 달린 오래된 루터 성경을 읽을 때 사용하는 유겐트 양식Jugendstil의 돋보기, 윗면에 장미 장식이 있는 작은 휴대용 재떨이, 내가 여러 해 전에 생일선물로 받은 아르 데코art deco 스타일의 담배 케이스, 내 이름 석 자가 한자로 새겨진 목도장과 함께. 그 도장은 한국의 도장 장이가 특별한 목재로 만든 것이다. 벼락 맞은 대추나무에서 얻은 그 목재는 마법의 힘이 있어서 액厄을 막아준다고 한다. 그 도장장이는 떠나는 나에게 그 드문 목재의 작은 조각 몇 개를 덤으로 쥐여 주었다. 나는 그중 하나를 내 지갑에 넣고 다닌다. 그 작은 목제 사물은 나의 부적이다.

과거에 일본인들은 안경이나 붓처럼 몸소 오래 사용한 사물을 떠나보낼 때 사원에서 예식을 거행했다. 오늘날 우리가 정중한 작별 예식을 베풀어줄 만한 사물은 거의 없을 성싶다. 지금 사물들은 거의 죽은 채로 태어난다. 사물들은 사용되지 않고 소모된다. 오랜 사용이 비로소 사물에게 영혼을 준다. 오직 충심의 사물만 영혼이 있다. 플로베르는 자신의 잉크병과 함께 묻히기를 바랐다. 주크박스는 무덤에 함께 들어가기에는 너무 클 것 같다. 나는 나의 주크박스가 나랑 같은 나이라고 믿는다. 하지만 그는 확실히 나보다 더 오래 살 것이다. 이 생각이 왠지 위안이 된다.

1 Hannah Arendt, Vita activa oder Vom tätigen Leben, München 1981, 125면.

2 Vilém Flusser, Dinge und Undinge. Phänomenologische Skizzen, München 1993, 81면.

3 Arendt, Vita activa oder Vom tätigen Leben, 125면.

4 Niklas Luhmann, Entscheidungen in der "Informations-gesellschaft", https://www.fen.ch/texte/gast_luhmann_informationsgesellschaft.htm.

5 몇십 년 전부터 문화 연구들에서 사물에 대한 관심이 증가하는 것이 관찰된다. 하지만 사물에 대한 이론적 관심은 일상 세계에서 사물이 더 중요해지는 것을 뜻하지 않는다. 사물이 특별히 이론적 숙고의 대상으로 격상되는 것은 오히려 사물이 사라진다는 증거다. 사물에 대한 찬가는 실은 만가挽歌(죽은 자를 애도하는 노래―옮긴이)다. 생활세계에서 추방된 사물들은 이론에서 피난처를 구한다. "물질적 문화Material Culture"와 "물질적 전환Material Turn"도 디지털화로 인한 실재의 탈물질화 및 탈사물화에 대한 반작용으로 해석될 수 있다.

6 Jean Baudrillard, Das Andere selbst (교수자격 취득 논문), Wien 1994, 11면.

7 Luciano Floridi, Die 4. Revolution. Wie die Infosphare unser Leben verändert, Berlin 2015, 129면 이하.

8 Eric Schmidt / Jared Cohen, Die Vernetzung der Welt. Ein

Blick in unsere Zukunft, Hamburg 2013, 48면 이하. "당신의 집은 전자 오케스트라, 당신은 지휘자다. 간단한 손놀림과 음성 명령으로 당신은 온도, 습도, 음악, 조명을 조절할 수 있다. 당신이 투명한 화면에 뜬 오늘의 뉴스를 훑어보는 동안, 자동화된 옷장은 방금 다림질한 정장을 제공한다. 왜냐하면 당신의 달력에 오늘 중요한 일정이 표시되어 있기 때문이다. […] 당신의 중앙 컴퓨터는 서비스 로봇들이 오늘 처리해야 할 집안일들을 차례로 제안하고, 당신은 그 모든 제안에 동의한다. […] 집에서 나서야 할 때까지 아직 시간이 조금 남았다. 당연히 당신은 운전자 없는 자동차를 타고 직장으로 간다. 당신의 자동차는 당신의 일정에 익숙하며 당신이 매일 아침 몇 시에 사무실에 있어야 하는지도 안다. 교통 상황을 평가한 후 자동차가 당신의 손목시계와 통신한다. 당신은 60분 후에 출발하면 된다. […] 어쩌면 당신은 밖으로 나가면서 사과를 집어 들 것이다. 자동차가 당신을 직장으로 데려가는 동안, 당신은 뒷좌석에 앉아 사과를 먹을 것이다."

9 Hannah Arendt, Wahrheit und Politik 중에서 Zwischen Vergangenheit und Zukunft. Übungen im politischen Denken I, München 2000, 327 – 370면, 인용문은 370면.

10 Georg Wilhelm Friedrich Hegel, Jenaer Systementwürfe III. Naturphilosophie und Philosophie des Geistes, Hamburg 1987, 189면.

11 Vilém Flusser, Medienkultur, Frankfurt a. M. 1997, 187면.

12 Flusser, Dinge und Undinge, 84면.

13 Friedrich Nietzsche, Also sprach Zarathustra. Ein Buch für Alle und Keinen, Kritische Studienausgabe in 15 Bänden, G. Colli und M. Montinari 편, München 1999, 4권, 20면.

14 위의 책, 87면.

15 Flusser, Dinge und Undinge, 88면.

16 Erich Fromm, Haben oder Sein, Stuttgart 1976, 106면.

17 Jeremy Rifkin, Access. Das Verschwinden des Eigentums, Frankfurt a. M. 2000, 13면 이하.

18 Flusser, Dinge und Undinge, 82면.

19 Walter Benjamin, Denkbilder, 같은 저자, Gesammelte Schriften, IV.I권, Frankfurt a. M. 1972, 305 – 438면, 인용문은 396면.

20 Walter Benjamin, Das Passagenwerk, Gesammelte Schriften, V권, Frankfurt a. M. 1982, 53면.

21 위의 곳.

22 Benjamin, Denkbilder, 389면.

23 위의 곳.

24 Walter Benjamin, Berliner Kindheit um Neunzehnhundert, 같은 저자, Gesammelte Schriften IV.I권, 235 – 304면, 인용문은 243면.

25 Roland Barthes, Mythen des Alltags, Frankfurt a. M. 2010, 198면.

26 Martin Heidegger, Holzwege, Frankfurt a. M. 1950, 82면, 강조는 인용자.

27 Ernst Troeltsch, Epochen und Typen der Sozialphilosophie des Christentums, 같은 저자, Gesammelte Schriften, H. Baron 편, Tübingen 1925, 4권, Aufsätze zur Geistesgeschichte und Religionssoziologie, 122 – 155면, 인용문은 134면.

28 Troeltsch, Epochen und Typen der Sozialphilosophie des Christentums, 135면.

29 Shoshana Zuboff, Das Zeitalter des Überwachungskapitalismus, Frankfurt a. M. 2018, 599면.

30 Donald Winnicott, Vom Spiel zur Kreativität, Stuttgart 1975, 11면.

31 Tilmann Habermas, Geliebte Objekte. Symbole und Instrumente der Identitätsbildung, Berlin/New York 1996, 325면.

32 위의 책, 336면.

33 위의 책, 337면.

34 Roland Barthes, Die helle Kammer, Frankfurt a. M. 1985, 104면.

35 위의 책, 90면.

36 위의 책, 91면.

37 위의 책, 92면.

38 위의 곳.

39 Giorgio Agamben, Profanierungen, Frankfurt a. M. 2005, 22면.

40 위의 책, 21면.

41 위의 책, 20면.

42 Barthes, Die helle Kammer, 97면.

43 위의 책, 90면.

44 Wim Wenders, Landschaften. Photographien, Düsseldorf 2015, 229면.

45 Barthes, Die helle Kammer, 93면 이하.

46 Walter Benjamin, Das Kunstwerk im Zeitalter seiner technischen Reproduzierbarkeit, 같은 저자, Gesammelte Schriften VII.I, Frankfurt a. M. 1989, 350–384, 360면.

47 Hubert L. Dreyfus, Die künstliche Intelligenz. Was Computer nicht können, Königstein/Ts. 1985, 226면.

48 Heidegger, Sein und Zeit, 137면.

49 Martin Heidegger, Die Grundbegriffe der Metaphysik. Welt-Endlichkeit-Einsamkeit, Gesamtausgabe, 29/30권, Frankfurt a. M. 1983, 195면.

50 Martin Heidegger, Beiträge zur Philosophie (Vom Ereignis), Gesamtausgabe 65권, Frankfurt a. M. 1989, 21면.

51 Martin Heidegger, Was ist das—die Philosophie?, Pfullingen 1956, 23면.

52 Heidegger, Die Grundbegriffe der Metaphysik, 103면.

53 Heidegger, Beiträge zur Philosophie, 21면.

54 Heidegger, Was ist das—die Philosophie?, 41면 이하.

55 Martin Heidegger, Was heißt Denken?, Tübingen 1984, 173면.

56 Martin Heidegger, Höderlins Hymne "Der Ister", Gesamtausgabe, 53권, Frankfurt a. M. 1984, 134면.

57 Dreyfus, Die Grenzen kunstlicher Intelligenz, 230면.

58 Georg Wilhelm Friedrich Hegel, Enzyklopädie der philosophischen Wissenschaften im Grundrisse 1830, Erster Teil. Die Wissenschaft der Logik, in: ders., Werke in zwanzig Banden, E. Moldenhauer und K. M. Michel 편, Frankfurt a. M. 1970, 8권, 302면.

59 위의 책, 318면.

60 위의 책, 332면.

61 Martin Heidegger, Vorträge und Aufsätze, Pfullingen 1954, 221면.

62 Briefe Martin Heideggers an seine Frau Elfriede 1915 – 1970, München 2005, 264면.

63 www2.univ‑paris8.fr/deleuze/article.php3?id_article=131.

64 Gilles Deleuze / Félix Guattari, Was ist Philosophie?, Frankfurt a. M. 2000, 71면.

65 Francis Ponge, Schreibpraktiken oder Die stetige Unfertigkeit, München 1988, 69면.

66 Jacques Derrida, Signéponge, New York 1984, 13면.

67 Matthew B. Crawford, Die Wiedergewinnung des Wirklichen. Eine Philosophie des Ichs im Zeitalter der Zerstreuung, Berlin 2016, 111면 이하.

68 Dorothee Kimmich, Lebendige Dinge in der Moderne, Konstanz 2011, 92면.

69 Ernst Bloch, Spuren, Frankfurt a. M. 1985, 174면.

70 위의 책, 172면.

71 Friedrich Theodor Vischer, Auch Einer. Eine Reise‑bekanntschaft, 1권, Stuttgart/Leipzig 1879, 32면 이하.

72 Robert Musil, Die Verwirrungen des Zöglings Torleß, 같은 저자, Gesammelte Werke, A. Frisé 편, Hamburg 1978, 2권, Prosa und Stücke, 7 – 140면, 인용문은 91면.

73 위의 책, 89면.

74 Jean‑Paul Sartre, Der Ekel, Hamburg 2004, 20면.

75 Jean-Paul Sartre, Das Sein und das Nichts. Versuch einer phänomenologischen Ontologie, Hamburg 1952, 344면.

76 Rainer Maria Rilke, Tagebücher aus der Frühzeit, Frankfurt a. M. 1973, 131면 이하.

77 Walter Benjamin, Einbahnstraße, 같은 저자, Gesammelte Schriften, IV.I권, 83 – 148면, 인용문은 99면.

78 Martin Buber, Ich und Du, Stuttgart 1995, 5면.

79 Franz Kafka, Briefe an Milena, W. Haas 편, Frankfurt a. M. 1983, 302면.

80 굼브레히트는 다음과 같이 옳게 지적한다. "오늘날의 문화를 지배하는 경향은 지금 여기 있음에 기반을 두고 세계와 관계 맺을 가능성을 희생하고 심지어 기억에서 지워버리는 것이다."(Hans Ulrich Gumbrecht, Diesseits der Hermeneutik. Die Produktion von Präsenz, Frankfurt a. M. 2004, 12면).

81 Hugo von Hofmannsthal, Eine Monographie, 같은 저자, Gesammelte Werke, B. Schoeller 편, Frankfurt a. M. 1986, Reden und Aufsätze 1, 479 – 483면, 인용문은 479면.

82 Hugo von Hofmannsthal, Ein Brief, 같은 저자, Gesammelte Werke, Erzählungen, erfundene Gespräche und Briefe, 461 – 472면, 인용문은 467면.

83 위의 책, 471면.

84 위의 책, 470면 이하.

85 위의 책, 469면.

86 위의 곳.

87 위의 책, 471면.

88 위의 책, 472면.

89 Barthes, Die helle Kammer, 36면.

90 위의 책, 37면.

91 위의 책, 35면.

92 위의 책, 60면 이하.

93 위의 책, 35면 이하.

94 위의 책, 51면.

95 위의 책, 68면.

96 Sigmund Freud, Entwurf einer Psychologie, 같은 저자, Gesammelte Werke, Nachtragsband. Texte aus den Jahren 1885 – 1938, Frankfurt a. M. 1987, 375 – 486면, 인용문은 426면 이하.

97 Jacques Lacan, Seminar. Die Ethik der Psychoanalyse, Weinheim/Berlin 1996, 59면.

98 Barthes, Die helle Kammer, 68면.

99 Rainer Maria Rilke / Lou Andreas-Salomé, Briefwechsel, Frankfurt a. M. 1975, 105면.

100 Roland Barthes, Die Lust am Text, Frankfurt a. M. 2010, 19면.

101 Robert Walser, Briefe, Zürich 1979, 266면.

102 Ponge, Schreibpraktiken, 82면.

103 위의 책, 13면.

104 Roland Barthes, Rauheit der Stimme, 출처: Der entgegenkommende und der stumpfe Sinn. Kritische Essays III, Frankfurt a. M. 1990, 269 – 278면, 인용문은 272면.

105 위의 책, 271면.

106 Maurice Merleau-Ponty, Das Auge und der Geist. Philosophische Essays, Hamburg 2003, 17면.

107 다름 아니라 예술의 정치화가 예술의 탈마법화를 거든다. Robert Pfaller, Die blitzenden Waffen. Über die Macht der Form, Frankfurt a. M. 2020, 93면 참조.

108 John Berger, Sehen. Das Bild der Welt in der Bilderwelt, Reinbek 1974, 31면.

109 Jean Baudrillard, Von der Verführung, München 1992, 110면.

110 위의 책, 111면.

111 Hannah Arendt / Martin Heidegger, Briefe 1925-1975, Frankfurt a. M. 2002, 184면.

112 Heidegger, Was heisst Denken?, 50면 이하.

113 Martin Heidegger, Parmenides, Gesamtausgabe, 54권, Frankfurt a. M. 1982, 126면.

114 위의 책, 119면.

115 위의 곳.

116 Martin Heidegger, Johann Peter Hebel, 같은 저자, Reden und andere Zeugnisse eines Lebensweges, 1910 – 1976, Gesamtausgabe, 16권, Frankfurt a. M. 2000, 530 – 533면, 인용문은 532면.

117 Heidegger, Holzwege, 318면.

118 Heidegger, Sein und Zeit, 69면.

119 위의 책, 23면.

120 Heidegger, Holzwege, 22면.

121 위의 곳.

122 위의 책, 22면 이하.

123 위의 책, 23면 이하.

124 Martin Heidegger, Aus der Erfahrung des Denkens 1910 – 1976, Gesamtausgabe, 13권, Frankfurt a. M. 1983, 87면.

125 Heidegger, Vorträge und Aufsätze, 173면.

126 위의 책, 175면.

127 Heidegger, Holzwege, 337면.

128 위의 책, 275면.

129 Heidegger, Vorträge und Aufsätze, 26면.

130 Heidegger, Holzwege, 343면.

131 Antoine de Saint-Exupéry, Die Stadt in der Wüste. Citadelle, Frankfurt a. M. 1996, 26면 이하.

132 Hans Ulrich Gumbrecht, Präsenz, Frankfurt a. M. 2012, 227면.

133 솔로몬의 잠언, 4장 23절.

134 Giorgio Agamben, Das unsichtbare Mädchen. Mythos und Mysterium der Kore, Frankfurt a. M. 2012, 11면.

135 Paul Cézanne, Über die Kunst, Gespräche mit Gasquet. Briefe, Hamburg 1957, 9면.

136 Friedrich Hölderlin, Hyperion, Stuttgart 1998, 9면.

137 Barthes, Die helle Kammer, 62면 이하.

138 위의 책, 65면.

139 위의 곳.

140 위의 곳.

141 Serres, Das eigentliche Übel, Verschmutzen, um sich anzueignen, Berlin 2009, 7면.

142 위의 책, 76면.

143 위의 책, 56면 이하.

144 Friedrich Nietzsche, Götzen-Dämmerung, Kritische Studienausgabe, 6권, 108면 이하.

145 Serres, Das eigentliche Übel, 94면.

146 위의 책, 95면.

147 Friedrich Nietzsche, Jenseits von Gut und Böse, Kritische Studienausgabe, 5권, 237면.

148 Giorgio Agamben, Profanierungen, Frankfurt a. M. 2005, 7면.

149 위의 책, 9면 이하.

150 Peter Handke, Versuch über die Jukebox, Frankfurt a. M. 1993, 116면 이하.

151 위의 책, 102면.

152 위의 책, 85면.

153 위의 책, 16면.

154 위의 책, 110면 이하.

155 위의 책, 117면.

156 위의 책, 102면.

157 위의 책, 136면 이하.

158 Novalis, Heinrich von Ofterdingen, 같은 저자, Schriften, Kluckhohn und R. Samuel 편, Stuttgart 1960, 1권, 181–334면, 인용문은 242면.

159 E. T . A. Hoffmann, Die Automate, 같은 저자, Die Serapions-Brüder, Ausgewählte Schriften, 1권, Berlin 1827, 91–127면, 인

용문은 94면.

160 Agamben, Profanierungen, 47면 이하 참조.

161 Gilles Deleuze / Félix Guattari, Tausend Plateaus, Berlin 1993, 568면 이하.

162 위의 책, 569면.

163 Jane Bennett, Lebhafte Materie. Eine politische Ökologie der Dinge, Berlin 2020, 10면.

〈엘파이스〉인터뷰

엘파이스 과도생산과 과도소비에 사로잡힌 세계가 점차 사물들을 녹여 없애고 우리를 반사물들의 세계, 곧 순수한 정보의 세계로 이끄는 것이 과연 어떻게 가능할까요?

한병철 사물의 하이퍼인플레이션이 존재한다는 것은 틀림없는 사실입니다. 그로 인해 사물들은 폭발적으로 늘어나고 있죠. 하지만 그것들은 전부 일회용품이고, 우리는 그것들에 매이지 않아요. 오늘날 우리의 강박은 사물이 아니라 정보와 데이터를 향합니다. 요컨대 반사물을 향하지요. 오늘날 우리는 모두 정보광이에요. 어느새 "데이터성애자"라는 말까지 등장했어요.

엘파이스　과도소비와 일회용품이 지배하는 이 세계에서 사물과 감정적으로 결속하기나 리추얼을 위해 시간을 내기는 점점 더 어려워집니다. "좋아하는 사물"을 가지는 것과 리추얼을 제정하는 것이 중요한 이유는 무엇일까요?

한병철　사물은 삶의 안식처입니다. 그런데 오늘날 사물들은 정보로 완전히 뒤덮였어요. 스마트폰은 사물이 아닙니다. 저는 스마트폰을 '정보기계'라고 부르죠. 정보를 생산하고 처리하는 기계라는 뜻이에요. 정보는 삶의 안식처와 영 거리가 멀어요. 정보는 놀라운 것이 주는 자극을 먹고 살지요. 정보는 우리를 현재성에 도취하게 만들어요. 리추얼도 시간 건축물로서 삶을 안정화합니다. 그런데 감염병 대유행이 그 시간 구조물들을 파괴했어요. 재택근무를 생각해보세요. 시간이 구조를 잃으면, 우리는 우울해집니다.

엘파이스　선생님이 책에서 펼치는 주장에 따르면, 디지털화를 통해 우리는 '호모 루덴스'가 될 것입니다. 즉, 노동보다 놀이에 더 집중하게 될 거예요. 하지만 일자리가 불안정해지고 소멸하는 상황에서 우리 모두가 그 단계에 도달할 수 있을까요?

한병철 저는 호황이나 불황과 무관한 디지털 실업을 이야기해왔습니다. 디지털화는 대량 실업을 가져올 것입니다. 이 실업은 미래에 아주 심각한 문제가 될 거예요. 인간의 미래는 기본소득과 컴퓨터게임으로 이루어지게 될까요? 참 암울한 전망이네요. 유베날리스는 정치적 행위가 불가능한 로마 사회를 '파넴 엣 키르켄세스(빵과 경기)'라는 문구로 묘사하죠. 사람들은 무료 식료품과 장관을 연출하는 경기들을 부여안고 잠잠해져요. 완전한 지배란 모든 사람이 오로지 놀기만 하도록 만드는 지배입니다. 현재 극찬을 받으며 넷플릭스에서 방송되는 한국 드라마 〈오징어 게임〉이 그와 유사한 방향으로 전개되고 있어요. 사람들은 모두 많은 빚을 진 채로 치명적인 게임에 투신하지요. 그 게임에는 엄청난 상금이 걸려 있고요. 〈오징어 게임〉은 자본주의의 핵심 면모를 첨예화된 형태로 보여줍니다. 일찍이 발터 벤야민이 말했듯이, 자본주의는 죗값을 치르고 죄를 씻어내는 대신에 빚을 지게 만드는 숭배문화의 첫 사례입니다. 디지털화 초기에 사람들은 노동을 놀이로 대체하는 것을 꿈꿨지요. 하지만 현실에서 디지털 자본주의는 인간의 놀이 충동을 무자비하게 착취합니다. 게임의 요소들을 집어넣어 사용자를 중독되게 만드는 소셜미디어들을 보세요.

엘파이스　스마트폰은 우리에게 어떤 자유를 약속했는데… 허망하게도 현실에서 스마트폰은 우리가 어디에 있건 상관없이 우리를 구속된 신세로 만드는 긴 사슬이 되어버리지 않았나요?

한병철　스마트폰은 오늘날 디지털 강제노동수용소이거나 아니면 디지털 고해소이거나 둘 중 하나예요. 모든 지배 장치, 지배 기술은 고유한 성물들을 만들어내 사람들을 복종시키는 데 동원하죠. 그런 성물들은 지배를 안정화합니다. 스마트폰은 디지털 지배 체제의 성물이에요. 복종을 유도하는 장치로서 스마트폰은 묵주와 비슷한 역할을 해요. 묵주는 휴대하기 쉽고 다루기 쉽다는 점에서 일종의 '핸디Handy'('핸드폰'을 뜻하는 독일어 ─ 옮긴이)예요. '좋아요'는 디지털 아멘이죠. 우리는 계속 고해告解해요. 자발적으로 발가벗지요. 그러면서 애원하는 것은 용서가 아니라 주목이고요.

엘파이스　일부 사람들은 사물 인터넷이 인간에 맞선 사물들의 반란 같은 것일 수도 있다며 두려워합니다. 그럼에도 선생님은 사람들이 사물들을 오히려 완전히 장악하고 우리에게 봉사하게 만든다는 견해를 밝힙니다. 어떻게 그런 견해에 도달하게 되었을까요?

한병철 저는 그렇게 말하지 않았습니다. 네트워크로 연결된 사물들과 스마트폰의 조합은 다름 아니라 디지털 감옥이에요. 센서들이 설치된 스마트 침대는 수면 중에도 감시를 계속하지요. 감시는 편의의 형태로 점점 더 많이 일상 속으로 침투하고 있습니다. 정보화된 사물 곧 정보기계는 알고 보면 효과적인 정보원이에요. 끊임없이 우리를 감시하고 조종하는 정보원.

엘파이스 선생님의 서술에 따르면, 노동은 놀이의 성격을 점점 더 많이 띠고, 사회적 연결망들은 역설적이게도 우리에게 자유롭다는 느낌을 제공하고, 자본주의는 우리를 유혹합니다. 시스템은 심지어 우리에게 즐거움을 제공하는 방식으로 우리를 장악하는 수준에 도달한 것일까요?

한병철 오직 억압적 체제만 저항을 유발합니다. 반면에 자유를 억압하지 않고 착취하는 신자유주의 체제는 저항에 직면하지 않아요. 이 체제는 억압하지 않고 유혹해요. 지배가 자유로 자처하는 순간, 지배는 완성됩니다.

엘파이스 불안정 노동자precariat와 불평등이 증가하는데도, 문명이 위험에 빠졌는데도, 그 밖에도 많은 문제가 있는데도 왜 우리가 보기에 서양 국가들의 일상 세계는 이토록 아름답고 더없이 세련되고 낙관적으로 느껴질까요? 왜 사람들은 예컨대 사이버펑크 영화가 보여주는 디스토피아적 위협을 느끼지 않는 걸까요?

한병철 오웰의 소설 《1984》는 얼마 전부터 다시 세계적인 베스트셀러가 되었습니다. 실제로 사람들은 이 디지털 편의 구역에 무언가 문제가 있다고 느껴요. 하지만 우리 사회는 헉슬리의 《멋진 신세계》를 더 닮았죠. 《1984》에서 사람들은 누군가가 가하는 통증에 의해 통제당해요. 반면에 《멋진 신세계》에서는 사람들에게 즐거움을 제공함으로써 사람들을 통제합니다. 국가가 "소마"라는 약물을 나눠줘요. 목적은 모든 사람이 행복을 느끼게 만드는 것이죠. 이것이 우리의 미래입니다.

엘파이스 선생님이 넌지시 내놓는 견해에 따르면, 인공지능이나 빅데이터는 일각에서 떠벌이는 것처럼 경탄스러운 인식 형태들이 아니라 오히려 "초보적"입니다. 이 견해를 쉬운 말로 설명해주실 수 있을까요?

한병철 빅데이터는 아주 초보적인 앎의 형태인 상관관계만 보유하고 있습니다. A가 일어나면 B도 일어난다. 아무것도 파악(개념화)되지 않아요. 인공지능은 생각하지 않습니다. 제가 이미 서술했듯이, 최초의 생각은 소름입니다. 인공지능은 소름이 돋지 않아요.

엘파이스 블레즈 파스칼이 말하기를, 인간의 커다란 비극은 아무것도 하지 않으면서 가만히 앉아 있지 못하는 것에 있다고 했습니다. 우리는 생산성 숭배문화 속에서 삽니다. 심지어 이른바 여가에도 마찬가지예요. 선생님은 이런 사정을 '피로사회'라는 대단히 성공적인 용어로 표현했지요. 그렇다면 우리는 우리 자신의 시간을 재정복하는 것을 정치적 목표로 삼아야 할까요?

한병철 인간 실존은 오늘날 행위에 철저히 흡수되어버립니다. 그렇게 실존이 완전히 착취 가능하게 되죠. 무위無爲는 자본주의적 지배 질서의 내부에서 갇힌 바깥으로서 다시 등장해요. 그 무위를 일컬어 여가라고 하죠. 노동으로부터의 회복에 종사한다는 점에서 여가는 여전히 노동에 매여 있습니다. 노동의 파생물로서의 여가는 생산 내부의 기능적 요소를 이루죠. 무위의 정치가 필요합니다.

무위의 정치는 시간을 생산 강제로부터 해방하고 진정으로 자유로운 시간을 가능하게 할 것으로 기대됩니다.

엘파이스 우리를 균일화하고 차이를 제거하려 하는 사회와 타인들과 달라지고자 하는, 말하자면 유일무이해지고자 하는 열망을 품은 사람들이 증가하는 것을 어떻게 일관되게 이해할 수 있을까요?

한병철 오늘날 우리는 모두 진짜이고자 해요. 바꿔 말해, 타인들과 다르고자 해요. 그래서 우리는 끊임없이 자신을 타인들과 비교하죠. 바로 이 비교하기(같게 만들기)Ver-Gleichen가 우리 모두를 같아지게 합니다. 요컨대 진정성 강박이 같음의 지옥을 초래합니다.

엘파이스 우리에게 더 많은 고요가 필요할까요?

한병철 우리는 정보 고요가 필요합니다. 정보 고요를 이뤄내지 못한다면 뇌가 완전히 타버릴 거예요. 오늘날 우리는 정보를 중심으로 세계를 지각합니다. 그러는 와중에 '여기 있음 경험Präsenz-Erfahrung'이 사라지죠. 우리는 세계로부터 점점 더 분리됩니다. 우리가 세계를 상실하는 거예요. 세계는 정보 그 이상입니다. 화면은 세계 결핍이 심각해요. 우리는 그저 우리 자신의 주위를 맴돌 뿐이죠. 스마트폰은 이 세계 결핍에 결정적으로 기여합니다. 세계 상실의 주요 증상은 우울이에요. 우울할 때 우리는 세계와의 관계, 타자와의 관계를 상실하죠. 우리는 혼란스러운 자아 속으로 침몰해요. 제가 보기에 디지털화, 정확히 스마트폰은 우리를 우울하게 만듭니다. 치과의사들의 얘기를 들어보면, 통증이 심한 치아 치료를 받을 때 환자들은 자기 스마트폰을 움켜쥔다더군요. 왜 그럴까요? 내가 핸드폰을 수단으로 삼아 나 자신을 확인하는 거예요. 핸드폰의 도움으로 내가 살아 있다는 확신에, 내가 실존한다는 확신에 이르는 거죠. 그래서 우리는 치과 치료 같은 위기 상황에서 우리의 핸드폰을 움켜쥡니다. 제가 기억하는데, 어린 시절에 저는 치과 치료를 받을 때 어머니의 손을 움켜쥐었어요. 오늘날의 어머니는 아이에게 자기 손이 아니라 아이의 핸드폰을 내주면서 꽉 쥐게할 거예요. 멈춤과 안정이 타자에게서 나오지 않고 나에게서 나오는 거죠. 이런 상황이 우리를 병들게 합니다. 우리는 다시 타자들에게로 되돌려보내져야 해요.

엘파이스 철학자 프레드릭 제임슨은 자본주의의 종말을 상상하는 것보다 세계의 종말을 상상하는 것이 더 쉽다고 말합니다. 시스템이 몰락하는 것처럼 보이는 지금, 선생님은 혹시 자본주의 이후를 어떤 식으로든 숙고해보셨나요?

한병철 자본주의는 실제로 인간의 충동구조들과 잘 어울려요. 하지만 인간은 충동 존재에 불과하지 않습니다. 우리는 자본주의를 길들이고 문명화하고 인간화해야 해요. 실제로 우리는 이 일을 성공적으로 해내고 있죠. 사회적 시장경제가 그 증거예요. 지금 우리의 경제는 새로운 시대로 진입하고 있습니다. 바로 지속가능성의 시대로 말이죠.

엘파이스 선생님은 철학자 하이데거에 관한 논문으로 박사학위를 받았어요. 하이데거는 가장 추상적인 사유 형태들을 탐구한 형이상학 연구자이고, 그의 글은 일반인이 읽기 어렵습니다. 그럼에도 선생님은 고도로 추상적인 그 사유를 우리가 날마다 마주치는 일들에 성공적으로 적용하죠. 철학은 다수의 인구가 속한 세계를 더 많이 다뤄야 할까요?

한병철 미셸 푸코는 철학을 일종의 급진 저널리즘이라고 칭하고 스스로를 저널리스트로 간주합니다. 철학자들은 가차 없이 "오늘"을 다뤄야 한다고 그는 말하죠. 이 측면에서 저는 푸코를 추종합니다. 저는 오늘을 사유로 파악하려 애써요. 그리고 바로 이 사유가 우리를 자유롭게 합니다.

〈아트리뷰〉 인터뷰

아트리뷰 한병철 선생님, 선생님의 저서 《사물의 소멸》은 우리가 디지털 정보를 위하여 사물과의 관계를 상실하는 것을 중심으로 전개됩니다. 새로운 기술들은 가지지 못했지만 대상들은 가진 것은 무엇일까요?

한병철 《사물의 소멸》은 사물의 시대가 지나가버렸다는 주장을 제시합니다. 땅의 질서는 사물들로 이루어져 있어요. 지속적인 형태를 띠고 인간의 거주를 위한 안정적 환경을 형성하는 사물들로 말이죠. 그런 땅의 질서가 오늘날 디지털 질서에 의해 해체되고 있습니다. 디지털 질서는 세계를 정보화함으로써 탈사물화합니다. 지금 반사물들이 모든 방면에서 우리의 환경에 파고들면서 사물들을 몰아내고 있어요. 저는 정보를 반사물이라고 부릅니다. 지금 우리는 사물의 시대에서 반사물의 시대로 넘어가는 이행기에 있어요. 사물들이 아니라 정보들이 우리의 생활세계를 규정합니다. 우리는 이제 더는 땅과 하늘에 거주하지 않고 구글 어스와 클라우드에 거주해요. 세계는 점점 더 이해할 수 없게 되고, 구름 속처럼 자욱해지고, 유령처럼 되어가죠. 어떤 것도 손에 잡히게 확실하거나 사물처럼 확고하지 않아요. 일본 작가 오가와 요코의 《잃어버린 기억들의 섬》(원제는 《은밀한 결정》)이 떠오르는군요. 그 소설은 어느 이름 없는 섬에 관한 이야기인데, 그 섬에서는 사물들이 영영 사라져요. 머리띠, 모자, 우표, 또 장미와 새도. 사물과 더불어 기억도 사라지죠. 사람들은 영원한 망각과 상실의 겨울을 살아갑니다. 모든 것이 점점 더 해체돼요. 신체의 일부도 사라지죠. 결국엔 몸 없는 목소리들만 공중에서 떠돌아요. 이 잃어버린 기억들의 섬은 몇 가지 점에서 우리의 현재를 닮았어요. 실재가 정보들로 해체되고 있는데, 정보들은 저 몸 없는 목소리들과 다를 바 없이 유령 같아요. 디지털화는 세계를 탈사물화하고 탈신체화하고 결국엔 탈실재화합니다. 또한 디지털화는 기억을 없애요. 우리는 기억을 되짚는 대신에 데이터와 정보를 축적하죠. 우리는 모두 정보광표

이 되어버렸어요. 이 정보 광증이 사물들을 사라지게 만듭니다. 정보가 사물에 속속들이 침투하면 사물은 어떻게 될까요? 세계의 정보화는 사물을 정보기계로 만듭니다. 정보를 처리하는 행위자로 만드는 거죠. 스마트폰은 사물이 아니라 정보기계이고, 심지어 우리를 감시하고 조종하는 정보원이에요. 사물들은 우리를 엿보지 않아요. 그래서 우린 사물들을 신뢰하죠. 반면에 정보기계로서의 스마트폰에 대해서는 신뢰가 전혀 없어요. 모든 지배 장치, 모든 지배 기술이 제각각 고유한 성물聖物들을 만들어내고, 그 성물들은 복종을 유도하는 데 쓰여요. 성물들은 지배를 안정화해요. 스마트폰은 디지털 정보 지배 체제의 성물입니다. 복종 장치로서 스마트폰은 묵주 같은 구실을 해요. 묵주는 다루기 쉽다는 점에서 휴대폰을 닮았죠. '좋아요'는 디지털 '아멘'이에요. 우리는 계속 고해하죠. 요새 우리는 자발적으로 발가벗어요. 그러면서 용서를 구하는 것이 아니라 주의注意를 구하죠.

아트리뷰 《사물의 소멸》은 선생님의 많은 저서에 담긴 주장들을 역설합니다. 예컨대 인간이 타자들과 ─ 또는 타자와 ─ 관계 맺는 대신에 점점 더 거울 속의 자기 자신을 들여다본다고 주장하죠. 하지만 사람들은 여전히 관계를 맺으며 살아가잖아요. 지금도 사물들에 매달리면서 버리지 않으려 하는 사람들이 있고요. 과거와 현재가 어떻게 다를까요? 과거를 지구화와 디지털화 이전으로 간주하고 말씀해주시죠.

한병철 끊임없이 스마트폰을 들여다보는 사람들이 충심의 사물을 가졌거나 사용하는지 저는 모르겠어요. 사물들은 오늘날 점점 더 주의主意의 배경으로 물러나고 있습니다. 현재 진행 중인 사물의 하이퍼인플레이션은 사물들을 폭발적으로 증가시키죠. 하지만 그 하이퍼인플레이션은 다름 아니라 우리가 사물에 점점 더 무관심해진다는 것을 시사해요. 사물은 오늘날 거의 죽은 채로 태어납니다. 우리의 강박은 이제 사물이 아니라 정보와 데이터를 향합니다. 어느새 우리는 사물보다 정보를 더 많이 생산하고 소비해요. 우리는 소통에 흠뻑 취해 있습니다. 리비도 에너지가 사물에 등을 돌리고 반사물에 깃들어요. 그 결과는 정보 광증이죠. 우리는 어느새 다들 정보광이 되었어요. 사물 페티시즘은 아마 과거의 현상일 거예요. 우리는 정보 페티시스트, 데이터 페티시스트가 되어가고 있습니다. 심지어 "데이터성애자"라는 용어까지 등장했어요. 스마트폰을 손가락 끝으로 두드리고 쓰다듬는 동

작은 거의 예배와 맞먹는 몸짓이에요. 그리고 그 몸짓은
우리가 세계와 맺는 관계에 막대한 영향을 끼치죠. 우리
의 관심을 끌지 못하는 정보는 신속한 쓰다듬기 동작으
로 내쳐져요. 반면에 우리 마음에 드는 내용은 두 손가락
벌리기 동작으로 줌인 되죠. 우리는 세계를 말 그대로 손
아귀에 쥐고 있어요. 세계는 철저히 우리의 뜻을 따라야
해요. 그렇게 스마트폰은 우리의 자아를 강화합니다. 손
가락을 놀리면서 우리는 세계를 우리의 욕구들에 종속시
키죠. 세계는 총체적 처분 가능성이라는 디지털 가상을
띠고 우리에게 나타나요. 이를 통해 타자들이 사라집니
다. 바로 처분 불가능성이 타자의 타자성을 이루거든요.
오늘날 타자는 타자성을 빼앗기고 단지 소비 가능한 놈
으로 됩니다. 틴더는 타인을 성적 대상으로 만들어요. 스
마트폰을 손에 쥐고 우리는 나르시시즘적 영역으로, 가
늠할 수 없는 타자가 없는 영역으로 움츠러들어요. 스마
트폰은 타자를 객체로 사물화함으로써 처분 가능하게 만
듭니다. '너'를 '그것'으로 만드는 거죠. 스마트폰은 우리
를 외롭게 만드는데, 그 이유는 바로 타자의 사라짐에 있
습니다.

아트리뷰 선생님은 "사물들은 삶의 안식처들이다"라고 말

합니다. 그러면서 선생님이 염두에 두는 것은 의미가 담긴 대상들이에요. 선생님은 본인 소유의 주크박스를 예로 들죠. 선생님이 보기에 그 주크박스에는 진정한 마법의 힘이 깃들어 있고요. 혹시 누군가가 선생님의 복고 취향을 비판한다면, 선생님은 어떻게 답변할까요?

한병철 저는 옛날의 아름다웠던 사물들을 떠올리게 할 의도가 전혀 없었습니다. 그런 의도가 있었다면, 《사물의 소멸》은 철학적인 책이 전혀 아니겠죠. 제가 사물을 삶의 안식처라고 표현한 것은 사물이 인간의 삶을 안정화하기 때문이에요. 같은 의자와 같은 탁자는 그것들 자신으로 머무르면서 무상無常한 인간의 삶에 안정성과 연속성을 부여하죠. 사물들 곁에서 우리는 하염없이 머무를 수 있어요. 반면에 정보 곁에서는 그러지 못하죠. 우리가 어떤 사회에서 살고 있는지 이해하려 한다면, 정보란 무엇인지 알아야 합니다. 정보는 현재성을 띠는 기간이 아주 짧습니다. 정보는 시간적 안정성이 없어요. 정보는 다름 아니라 놀람의 흥분을 먹고 살기 때문에 그래요. 그렇게 시간적으로 불안정하기 때문에 정보는 지각을 파편화합니다. 정보는 우리를 영원한 현재성의 현기증 속으로 몰아넣어요. 그래서 정보 곁에 하염없이 머무르는 것은 절대

로 불가능합니다. 이것이 정보와 사물의 차이예요. 정보
는 인지 시스템 자체를 동요시킵니다. 우리는 의심을 품
고 정보와 만나요. '다를 수도 있지 않을까?'라는 의심을
품고 말이죠. 정보는 근본적인 불신과 동행합니다. 정보
는 우연Kontingenz 경험을 강화해요. 가짜뉴스는 정보 자
체에 내재하는, 강화된 우연의 화신입니다. 또한 정보는
덧없기 때문에, 경험, 회상, 깨달음 같은 시간 집약적 인
지 실행들을 사라지게 만들어요. 요컨대 저의 분석은 복
고 취향과 아무런 관련이 없습니다.

아트리뷰 선생님은 책에서 디지털화를 계속 거론합니다.
디지털화가 상대를 사라지게 만들고 나르시시즘을 번창
하게 한다고 지적하죠. 또 신자유주의 시대의 자발적 자
기착취를 번창하게 한다는 점도 언급하죠. 선생님은 처
음에 어떻게 이 주제들을 주목하게 되었나요? 어떤 개인
적인 인연이 있었나요?

한병철 《피로사회》나 《심리정치》 같은 제 저서들의 바탕
에 깔린 통찰은 푸코의 규율사회 분석이 우리의 현재를
더는 설명해줄 수 없다는 것입니다. 저는 규율 체제와 신
자유주의 체제를 구별합니다. 규율 체제는 명령과 금지

를 통해 작동하죠. 그 체제는 억압적이에요. 자유를 억누릅니다. 반면에 신자유주의 체제는 억압적이지 않고 오히려 유혹적이고 허용적입니다. 이 체제는 자유를 억압하는 대신에 착취합니다. 우리는 우리 자신을 실현한다고 믿으면서 자발적으로 또 열정적으로 우리 자신을 착취하죠. 요컨대 우리는 규율사회에서 사는 것이 아니라 성과사회에서 살아요. 이것을 푸코는 보지 못했어요. 자기가 자유롭다고 착각하는 신자유주의적 성과 주체는 실은 노예입니다. 주인 없이 자발적으로 자기를 착취한다는 점에서 그 주체는 절대적인 노예죠. 자기 착취는 자유롭다는 느낌과 짝을 이루기 때문에 외래적인 착취보다 더 효과적이에요. 이 역설적인 노예의 자유를 카프카의 다음과 같은 경구가 아주 정확하게 표현합니다. "동물이 주인에게서 채찍을 빼앗아 자기를 채찍질한다. 주인이 되기 위해서." 이 꾸준한 자기 채찍질은 피로와 우울감을 일으켜요. 노동 그 자체는 아무리 힘들다 하더라도 심각한 피로를 유발하지 않습니다. 노동하고 나면 기력이 소진될 수야 있겠지만, 이 소진은 파괴적인 피로와 다릅니다. 노동은 언젠가 끝나요. 반면에 우리가 우리 자신에게 부과하는 성과 강제는 노동시간보다 더 오래 지속되죠. 그 성과 강제는 잠들었을 때도 우리를 괴롭히고 드물지 않게 불면증을 일으킵니다. 노동에서 회복하는 것은 가능해요. 그러나 성과 강제에서 회복하는 것은 불가능합니다. 바로 이 내적 압력, 이 성과 압력과 최적화 압력이 우리를 피로하고 우울하게 만듭니다. 그래서 이 시대의 병적 징후는 억압이 아니라 우울이에요. 오직 억압적 체제만이 저항을 유발합니다. 반면에 자유를 억누르지 않고 착취하는 신자유주의 체제는 저항에 직면하지 않아요. 지배가 자유로 자처하는 순간, 지배는 완성되죠. 이것이 저의 사회비판적 에세이들의 바탕에 깔린 깨달음들입니다. 이 깨달음들을 다음과 같은 한 문장으로 요약할 수 있어요. '타자가 사라지고 있다.'

아트리뷰 선생님은 마법이나 신비 같은 개념들을 꺼리지 않습니다. 선생님은 낭만주의자로 자처하나요?

한병철 제가 보기에는 존재하는 모든 것이 마법이요 신비입니다. 우리의 망막은 어느새 완전히 각질로 뒤덮였어요. 각질이 왕성하게 성장해서 망막을 싹 덮어버린 거죠. 그래서 우리의 망막은 지각하는 능력을 상실했습니다. 저는 낭만주의자가 아니라 실재주의자라고 자부하겠어요. 세계를 있는 그대로 지각하는 실재주의자라고요.

세계는 다름 아니라 마법이요 신비예요. 저는 3년 동안 겨울에 꽃이 피는 정원을 가꿨습니다. 그 정원에 관한 글을 써서 《땅의 예찬》이라는 책도 펴냈지요. 제가 정원사로서 경험한 바에서 얻은 깨달음은 이것입니다. '땅은 마법이다.' 다른 주장을 하는 사람은 눈먼 사람이에요. 바로 이 맹목盲目이 땅을 파괴하죠. 왜냐하면 이 맹목은 땅에서 고작 자원만 보거든요. 우리는 땅에게 고유의 신비와 마법을 돌려줘야 하고 경탄하는 법을 다시 배워야 합니다. 그것이 땅을 구원하는 유일한 길일 거예요. 절대적 지위를 점한 인간적 행위는 땅을 파괴합니다. 우리는 행위하지 않는 능력을 발견해야 해요. 지구는 자원이 아닙니다. 인간의 목적을 달성하기 위한 한낱 수단이 아니라고요. 오늘날 우리가 자연을 대하는 방식은 경탄하며 바라보기가 아니라 오로지 도구를 다루는 행위에 의해 규정되지요. 인류세는 바로 지구/자연이 인간 행위의 법칙들에 철저히 종속된 결과입니다. 지구/자연은 인간 행위의 구성 요소로 격하될 거예요. 인간의 행위는 인간들 사이의 영역을 넘어 자연을 침범합니다. 인간이 자연을 자신의 뜻에 완전히 종속시키니까요. 그러면서 인간은 자신의 개입이 없었다면 발생하지 않았을 과정들이 고삐에서 풀려나 전혀 통제할 수 없는 지경에 이르도록 만들죠. 우리가 자원으로서의 지구를 더 아껴야 한다는 것으로는 충분하지 않아요. 오히려 우리가 자연을 전혀 다르게 상대할 필요가 있습니다. 우리가 지구에게 지구 고유의 마법, 고유의 존엄을 돌려줘야 해요. 지구 앞에서 경탄하는 법을 다시 배워야 합니다. 자연재해들은 인간의 행위가 절대적 지위에 오른 것의 귀결이에요. '행위하다'는 역사와 어울리는 동사지요. 발터 벤야민이 서술하는 역사의 천사는 인간 행위의 파국적 귀결들에 직면하게 됩니다. 그의 눈앞에서 역사의 파편 더미가 하늘 꼭대기까지 쌓여 올라가지요. 하지만 그는 그 파편 더미를 제거할 수 없어요. 왜냐하면 미래에서 온 '진보'라는 폭풍을 타고 그 파편 더미가 날아가거든요. 그 천사의 휘둥그레진 눈과 벌어진 입은 그의 무력함을 반영하죠. 오로지 무위無爲, Untätigkeit의 천사만이 그 폭풍에 맞설 수 있을 것입니다. 우리는 무위의 능력, 행위하지 않을 능력을 되찾아야 해요. 그래서 지금 제가 쓰고 있는 새 책의 제목은《관조하는 삶: 무위에 관하여》입니다. 이 책은 인간의 행위를 찬양하는 한나 아렌트의 책《능동적인 삶: 행위하는 삶에 관하여》의 맞수, 혹은 해독제입니다.

아트리뷰 "우리는 엄청난 데이터를 저장하지만 기억을 되짚지 않는다. 우리는 친구와 팔로워를 축적하지만 타자와 마주치지 않는다."《사물의 소멸》에 나오는 선생님의 문장입니다. 이와 유사한 호소가 활자 인쇄가 발명될 당시에도 나왔었고 더 나중에 신문이나 텔레비전이 발명될 때도 나왔었는데… 혹시 선생님이 상황을 너무 어둡게 채색하는 건 아닐까요?

한병철 저에게 관건은 세계를 어둡게 채색하는 것이 아니라 세계를 환히 밝히는 것입니다. 철학자로서 저의 과제는 우리가 어떤 사회에서 살고 있는지 밝혀내는 거예요. 신자유주의 체제가 자유를 억누르는 대신에 착취한다고 제가 말할 때, 혹은 스마트폰은 디지털 정보 지배 체제의 성물이라고 말할 때, 그 말은 어둡게 채색하기 따위와는 아무런 상관이 없습니다. 철학이란 진실을 말하기예요. 최근 몇 년 동안 저는 정보의 현상학을 연구해 왔어요. 오늘날의 세계를 개념적으로 이해하기 위해서죠.《사물의 소멸》에서 제가 내놓은 주장들은 이러합니다. 오늘날 우리는 실재를 지각할 때 무엇보다도 정보를 얻기 위해서 지각한다. 그리하여 실재와의 사물적 접촉이 거의 발생하지 않는다. 실재는 고유한 여기 있음을 박탈당한다. 우리는 실재의 물질적 울림들을 더는 지각하지 못한다. 빈틈없는 막처럼 사물을 감싼 정보층이 집약성에 대한 지각을 차단한다. 정보로 환원된 지각은 우리를 기분과 분위기에 무감각하게 만든다. 공간들은 고유한 시학詩學, poetik을 상실한다. 그 안에서 정보가 분배되는, 공간 없는 연결망들이 공간들을 밀어낸다. 현재에, 순간에 초점을 맞추는 디지털 시대는 시간의 향기를 몰아낸다. 시간은 점들과 같은 현재들의 계열로 원자화된다. 원자들은 향기를 풍기지 않는다. 시간을 서사적으로 다루는 실행이 비로소 향기 나는 시간의 분자들을 만들어낸다. 요컨대 실재의 정보화는 공간 및 시간의 상실로 이어진다. 이 주장들은 어둡게 채색하기 따위와는 아무런 상관이 없어요. 이건 현상학입니다.

아트리뷰 선생님은 지금 고색古色과 역사로 가득 찬 장소의 대표 격인 로마에 있습니다. 보시다시피 거리 거리에서 삶이 생동하고, 친구와 가족이 함께하는 식사는 중요하고, 바티칸은 어디에나 있어요. 인간의 개별화와 디지털 대리 만족에 대한 선생님의 불평은 특정한 집단들이나 삶의 상황들에만 타당하다는 느낌이 혹시 안 드시나요?

한병철 사람들이 만나서 주로 자기 스마트폰을 들여다본다면, 만남이 무슨 소용이 있나요? 연결망 형성과 전면적 소통에도 불구하고 사람들은 오늘날 과거 어느 때보다 더 큰 외로움을 느낍니다. 우리는 '너'를 처분 가능한, 소비 가능한 '그것'으로 만들죠. 세계는 '너'가 심하게 결핍해집니다. 그 결과로 우리는 외로워지고요. 이 측면에서는 로마나 뉴욕이나 서울이 매한가지예요. 로마는 다른 측면에서 저에게 아주 깊은 인상을 주었어요. 행복을 위해서 우리는 우뚝한 상대가 필요해요. 우리를 능가하는 상대 말이죠. 디지털화는 모든 상대, 모든 저항, 모든 맞몸Gegen-Körper을 제거합니다. 모든 것을 매끄럽게 만들죠. 스마트폰은 모든 것을 처분 가능하게 만들고 모든 저항을 제거합니다. 바로 그렇기 때문에 스마트한 것이고요. 그런데 로마에는 우뚝한 상대가 아주 많아요. 오늘 저는 또 한 번 자전거를 타고 로마 전체를 누비면서 수많은 성당들을 바라보았습니다. 그러다가 놀랄 만큼 아름다운 성당 하나를 발견했죠. 요새는 아주 드물어진 여기 있음 경험을 그 성당이 저에게 선사해줬어요. 무척 작은 교회였어요. 실내로 들어서면 곧바로 돔 아래에 서게 되죠. 돔은 8각형들로 이루어진 문양으로 장식되어 있어요. 8각형들은 돔 꼭대기로 갈수록 점점 더 작아져서, 시각적으로 돔이 공간을 강하게 빨아올리는 듯한 인상이 발생해요. 돔 꼭대기에는 금색 비둘기가 새겨져 있고, 그 주위로 난 창을 통해 빛이 들어옵니다. 금색 비둘기가 빛 속에 떠 있는 꼴이죠. 그 모습 전체가 수직적 흡인력을 지닌 숭고한 대상을 이뤄요. 그 흡인력은 공간 속의 저를 말 그대로 붕 뜨게 만들고요. 저는 하늘 꼭대기로 올라가는 것 같아요. 그 순간 저는 성령der heilige Geist이 뭔지 깨달았어요. 성령은 다름 아니라 타자입니다. 정말 인상적인 경험이었어요. 성스러운 사물의 내부 한가운데서 여기 있음을 경험한 거예요.

아트리뷰 세계가 다시 진짜 대상들에, 바꿔 말해 생명이 깃든 대상들에 더 많이 몰두하게 되려면 어떤 일이 일어나야 할까요? 우리 시대의 딜레마들을 헤쳐나가는 길을 어떻게 배울 수 있을까요?

한병철 저의 모든 저서는 유토피아적 대항 이야기 untopisches Gegennarrativ로 귀결됩니다. 이미 《피로사회》에서 저는 우울로 이어지는 나-피로에, 공동체를 만들어내는 우리-피로를 맞세웠지요. 《타자의 추방》에서는 증가하는 나르시시즘에 맞서 경청의 솜씨를 이야기했고요. 《심리정치》는 총체적 연결망과 총체적 감시에 맞서 바보를 유토피아적 인물로 제안했습니다. 바보란 연결망에 편입되지 않은 인물입니다. 《에로스의 종말》에서 제가 내놓은 주장은 오로지 에로스만이 우울을 물리칠 수 있다는 것이에요. 《시간의 향기》는 '하염없이 머무르는 기술Kunst des Verweilens'을 거론하죠. 저의 책들은 우리 사회의 병증들을 분석하고 그것들의 극복을 위한 기본 개념들을 제안합니다. 그래요, 우리는 새로운 삶꼴들, 새로운 이야기들에 열중해야 합니다.

아트리뷰 선생님의 저서 중에는 《리추얼의 종말》도 있고 《타자의 추방》도 있지요. 왜 리추얼들과 사람들, 사물들은 우리가 삶에 정박하는 데 도움이 될까요? 우리가 혼자서 삶에 닻을 내릴 수는 없을까요?

한병철 리추얼은 삶을 구조화하고 안정화하는 시간-건축물입니다. 그런데 지금 리추얼들이 사라지고 있어요. 감염병 대유행은 리추얼의 종말을 앞당기는 중이고요. 노동도 리추얼의 면모를 지녔습니다. 우리는 정해진 시간에 일터로 출근하죠. 그리고 공동체 안에서 노동이 이루어져요. 그러나 홈오피스에서는 이런 노동의 리추얼적 계기가 완전히 사라집니다. 하루가 리듬과 구조를 상실하죠. 그래서 우리는 왠지 피로하고 우울해져요. 생텍쥐 페리의 《어린 왕자》에서 여우는 어린 왕자에게 항상 같은 시간에 찾아와달라고 부탁합니다. 어린 왕자의 방문이 리추얼이 되게 하려는 거죠. 여우는 어린 왕자에게 리추얼이 뭔지 설명해요. 공간 안에 거처가 있는 것과 마찬가지로 시간 안에는 리추얼이 있어요. 리추얼들은 시간을 집처럼 드나들 수 있게 만들어요. 리추얼들은 시간을 정리하고 정돈하죠. 그 결과로 시간은 의미심장하게 느껴지고요. 오늘날 시간은 확고한 짜임새가 없어요. 시간은 집이 아니라 불안정한 흐름이에요. 리추얼들이 사라지는 것은 단순히 우리가 점점 더 자유로워지는 것을 의미하지 않습니다. 삶의 철저한 유동화는 상실을 동반해요. 리추얼은 그저 자유를 제한하기만 하지 않아요. 리추얼은 삶을 구조화하고 안정화합니다. 리추얼은 공동체를 창출하는 가치들과 상징적 질서들을 몸에 정박해요. 리추얼에서 우리는 공동체를, 공동체의 가까움을 몸으로 체험합니다. 반면에 디지털화는 세계를 탈신체화합니다. 게다가 지금은 감염병 대유행까지 덮쳤어요. 이 대유행은 신체적 공동체 경험의 상실을 심화합니다. '우리가 혼자서 삶에 닻을 내릴 수는 없냐'고 물으셨죠? 오늘날 우리는 모든 리추얼을 겉치레로, 형식적인 것으로, 요컨대 진정성 없는 것으로 보면서 배척합니다. 자아를 중심에 놓은 진정성 문화를 만들어내는 장본인은 다름 아니라 신자유주의예요. 진정성 문화는 리추얼화된 상호작용 형식들에 대한 불신을 조장합니다. 오직 자발적인 느낌의 동요만, 바꿔 말해 주관적 상태만 진정성이 있다는 식이죠. 형식화된 행동은 진정성이 없다거나 겉치레라는 이유로 제거됩니다. 예컨대 공손함이 그래요. 나르시시즘적 진정성 숭배는 사회의 야만화를 심화하는 원인 중 하나입니다. 제 책에서 저는 진정성 숭배에 맞서 아름다운 형식들의 윤리를 옹호합니다. 공손한 형식들은 한낱 겉치레가 아니에요. 프랑스 철학자 알랭은 공손한 몸짓들이 우리의 생각에 미치는 힘이 강력하다고 말해요. 상냥함, 호의적임, 기쁨을 몸짓으로 흉내 내고 거기에 필요한 허리 굽히기 같은 동작을 하면 나쁜 기분을 개선하는 데 도움이 될뿐더러 복통을 완화하는 데도 유익하다는군요. 내면적인 것을 고수하는 쪽보다 외면적인 것이 더 효과적일 때가 많습니다. 자신에게 믿음이 없다고 절망하는 대신에 그냥 미사에 가서 기도와 노래를 비롯한 리추얼을 함께하라고, 즉 흉내 내라고 파스칼은 말했어요. 그러면 바로 그 흉내 내기를 통해서 믿음이 돌아온다면서요. 외적인 것이 내적인 것을 바꾸고 새로운 상태를 창출합니다. 바로 이것이 리추얼의 힘이에요. 그리고 오늘날 우리의 의식은 더는 사물들에 정박해 있지 않습니다. 외적인 것으로서의 사물은 의식을 아주 효과적으로 안정화할 수 있어요. 반면에 정보로 의식을 안정화하기는 아주 어려워요. 왜냐하면 정보는 덧없고 현재성을 띠는 기간이 아주 짧거든요.

아트리뷰 선생님은 거의 해부학자처럼 독일어를 파헤치기를 즐기고 병렬적인 문체를 아주 좋아합니다. 그 덕분에 현재의 문화비판에서 완전히 독창적인 목소리를 얻게 되었죠. 마르틴 하이데거와 선불교를 합쳐놓은 듯한 느낌도 살짝 드는데요, 선생님은 하이데거 및 선불교와 어떤 관계를 맺고 있을까요?

한병철 독일 주간지 〈차이트〉의 한 기자가 저에 관해서 이렇게 쓴 적이 있어요. '그는 우리의 일상을 떠받치는 사유 구조를 몇 개 안 되는 문장으로 무너뜨릴 수 있다.' 몇 마디로 세계를 밝혀낼 수 있다면, 뭐하러 1,000쪽짜리 책을 쓰겠습니까? 세계가 무엇인지 밝혀내려고 쓴 1,000쪽짜리 책도 어쩌면 단 한 편의 하이쿠가 표현해내는 것을 표현할 수 없을 거예요. "첫눈 내리네/수선화 잎사귀들/

휘어질 만큼." 또 이런 하이쿠도 보세요. "종소리 멎고/꽃 향기는 울리네/저녁 무렵."(바쇼 작) 실제로 저는 글을 쓸 때 이런 하이쿠 효과를 사용합니다. 저는 그냥 '이러하다' 라고 말해요. 이 간결한 표현이 확실성 효과Evidenz-Effekt 를 일으키죠. 그러면 그 표현이 누구에게나 명확히 가닿 고요. 제 책이 갈수록 더 얇아진다면서 언젠가는 완전히 사라지겠다고 쓴 기자도 있었습니다. 저는 한마디 덧붙 이고 싶어요. 그렇게 되면 나의 생각들이 공중에서 떠돌 것이다. 누구나 그 생각들을 호흡할 수 있게 될 겁니다.

아트리뷰 선생님은《사물의 소멸》의 끄트머리에서 아름 답게도 앙투안 드 생텍쥐페리의《어린 왕자》를 인용하면 서, 오늘날 위태로워진 신뢰, 결속, 책임 같은 가치들을 언급합니다. 그런데 그것들은 인간에게 근원적인 가치들 이 아닐까요? 그것들은 심지어 독재체제와 전쟁 기간을 비롯해서 어느 시대에나 살아남을 가치들이 아닐까요?

한병철 신뢰, 충실Treue, 결속, 책임을 비롯한 모든 시간 집약적 실행들이 지금 사라지고 있습니다. 모든 것이 단 기화短期化되고 있어요. 그 덕분에 우리가 더 자유로워졌 다고 우리는 말하죠. 그러나 이 단기성은 삶을 불안정하게 만듭니다. 우리는 우리 자신을 사물들에 매어둘 수는 있지만 정보에 매어둘 수는 없어요. 우리는 정보를 잠깐만 알아둡니다. 그 잠깐이 지나면 정보의 존재 지위는 이미 다 들은 자동응답기 메시지와 같아져요. 가치가 0에 수렴한다는 거죠. 예컨대 신뢰는 오늘날 투명성과 정보에 치여 해체되고 있는 사회적 관행이라고 저는 생각합니다. 신뢰는 앎이 부족하더라도 타자와 긍정적 관계를 맺을 능력을 우리에게 제공해요. 투명사회에서 사람들은 대뜸 타자에 관한 정보를 요구합니다. 사회적 관행으로서의 신뢰는 불필요해져요. 투명한 정보사회는 불신의 사회를 낳습니다.

아트리뷰　예술계에서는 선생님의 책들이 많이 인용되는데, 철학계에서는 그렇지 않습니다. 선생님은 이 차이를 어떻게 설명할까요?

한병철　실제로 제 책들을 읽는 철학자보다 예술가가 더 많습니다. 철학자들은 이제 더는 현재에 관심이 없어요. 푸코는 철학자란 오늘을 사유로 파악하는 언론인이라고 말한 바 있죠. 바로 그게 제가 하는 일이에요. 게다가 저의 에세이들은 다른 삶꼴을 향해, 다른 이야기를 향해 이동하는 중입니다. 그래서 예술가는 제 글이 자신에게 말을 건다고 느끼죠. 저는 현재의 지배적인 삶꼴이 아닌 새로운 삶꼴, 새로운 지각, 새로운 이야기를 개발하는 과제를 예술에게 맡기고 싶어요. 그렇게 보면, 구원자는 철학이 아니라 예술이네요. 아니, 이렇게 말할 수도 있겠어요. 저는 철학을 예술로서 실행합니다.

지금도 한창인 디지털화는 우리 다수가 살면서 겪어온 가장 확연한 변화일 것이다. 네모난 검은 종이 한가운데 동그란 구멍이 뚫린 모양의 5.25인치 플로피 디스켓에 정보를 저장하던 시절이 겨우 30년쯤 전인데, 느끼기에는 구석기시대처럼 멀다. 3.5인치 디스켓, 내장 하드디스크, 외장 하드디스크 등은 건너뛰자. 어느새 평범한 컴퓨터 사용자는 정보 저장을 위한 물리적 장소나 장치에 아예 신경 쓸 필요가 없다. 바야흐로 클라우드의 시대다. 정보는 유령처럼 독립했다.

예컨대 나는 방금 허준이 교수의 필즈상 수상 업적을 설명해주는 동영상을 한 편 보았는데, 그 동영상이 어디에 있는 어떤 서버에 저장되어 있다가 나의 부름에 응해

내 스크린에 나타났는지 모른다. 알 필요가 전혀 없다. 그저 모든 것이 '주문 가능하다bestellbar'는 사실만 알면 족하다. 인터넷에 접속하기만 하면 나는 모든 정보를, 정보화된 모든 것을 마음대로 불러 내 바로 앞에 세울 수 있다. 일찍이 이런 '주문 가능성Bestellbarkeit'과 '무릇 세우기 Ge-Stell'를 근대의 본질적 특징으로 지적한 하이데거의 혜안에 경탄하지 않을 수 없다.

그 논란 많은 철학자의 정치적 입장과 행보에 대해서는 한 치의 양보도 없이 배척하고 비난해야 마땅할 터이나, 적어도 하이데거의 기술 비판만큼은 특히 디지털혁명의 격랑 속에서 요긴하게 참고할 만하다는 이야기를 여러 학자에게서 들었다. 그리고 이 멋진 책을 읽으면서 그 이야기의 타당성을 실감했다. 하이데거에 대한 이해와 평가가 개선되고 한병철에 대한 호감이 상승하는 경험이었다.

한병철은 디지털화를 비판한다. "정말로 있는 것은 무엇이냐?"라는 존재론의 근본질문에 이 시대의 적잖은 학자는 "정보다"라고 대답할 것이다. 바로 이 대답이 디지털화 선도자들의 단언이며, 대세에 순응적인 우리 다수는 4차 산업혁명 따위를 운운하면서 이 대답을 잘 이해하지도 못하면서 마치 기도문처럼 고개를 조아리며 왼다.

그러나 한병철은 '정보'를 가차 없이 '반反사물Unding'로 낙인찍는다.

어쩌면 '요물妖物'이라는 용어가 더 잘 와닿을 것이다. 한병철이 보기에 정보는 우리의 삶을 망가뜨릴 위험성을 다분히 품은 요물이다. 그리하여 그는 디지털화 혹은 정보화의 대척점에 놓인 것들을 호명하고 찬미하는데, 그것들은 사물, 몸, 기억, 저항, 다름, 멈춤, 결속 등이다. 대표는 사물이다. 사물이 몸뚱이를 들이밀며 저항하고, 기억에게 깃들 곳을 제공하고, 덧없는 삶에 멈춤을 선사하고, 파편화된 채 실없는 소통에 몰두하는 개인들을 결속한다. 이 책은 반사물 곧 정보에 대한 분석과 비판에 초점을 맞춘 이론서라기보다, 반사물에 밀려 소멸해가는 사물에 대한 애틋한 찬가讚歌에 가깝다.

내가 주목하는 것은 정보와 달리 사물에 본질적인 몸 또는 몸뚱이다. 합리적 상식의 관점에서 산 것과 죽은 것을 구별한다면 몸과 몸뚱이를 구별해야겠지만, 한병철처럼 존재하는 모든 것을 살아 있는 놈으로 여긴다면(인터뷰 참조), 굳이 몸과 몸뚱이를 구별할 필요가 없을 수도 있겠다. 아무튼 중요한 것은 '몸소'라는 우리말에서 뚜렷이 느껴지는 '여기 있음'의 면모, 그리고 투박하고 거추장스럽고 묵직한 몸뚱이가 자연스럽게 연상시키는 '저항' 혹은

'다름'이다.

한병철의 문체를 흉내 내자면, **사물 곧 몸은 여기 있음이요 저항이요 다름이다**. 줄여서, **사물은 다름이 여기 있음이다**. 이것이 내가 이 책에서 읽어내고 공명한 명제다. 한병철은 사물의 소멸, 몸의 소멸, 여기 있는 다름의 소멸을 경고한다. 디지털화를 사랑하거나 미워하는 모든 이, 디지털화에 순응하거나 반항하는 모든 이, 디지털화에 초연하거나 심드렁한 모든 이가 이 경고에 귀 기울이기를 바란다. 디지털화의 바탕으로 내려가 이만큼 폭넓고 깊이 있는 철학적 진단을 내놓는 저자는 그리 많지 않다.

코로나 대유행 앞에 움츠러들어 숱하게 줌 모임을 하면서 나는 디지털 기술에 대한 근본적 회의를 품곤 했다. 여기 있음 없이 사람들과 만나는 것, 몸 없이 토론하는 것, 전원을 끄자마자 검은 벽으로 변하는 디스플레이에 매달려 경험과 배움을 갈구하는 것은 사람으로서 못할 짓이라는 생각마저 들었다. 왜 그런 구태의연한 생각을 했냐고 누가 묻는다면, 나는 이 책을 내밀며 꼭 읽어보라고 권하겠다.

디지털화를 거스를 수는 없을 것이다. 심지어는 한병철도 핸드폰을 사용한다(주로 꽃 이름을 알아보는 데 쓴다고 한다). 디지털화의 혜택이 막대하다는 것도 엄연한 사실이다. 그러나 한 사회가 새로운 디지털 기술과 비대면 소통 방식과 '좋아요', 댓글, 구독 등의 평가 기준에 대체로 순응하고 심지어 열광한다면, 그 찬란한 새로움의 뒷면에 밴 어둠을 들춰내는 것이 그 사회를 위하여 철학자가 해야 마땅한 일일 것이다. 나는 이 책이 특히 우리 사회에 요긴하다고 판단한다.

마스크 시대가 계속되고 있다. 우리 사회가 지금까지 우수한 방역 성과를 거둔 이유 중 하나는 마스크 착용과 원격 소통에 대한 거부감이 약한 것에 있을 듯하다. 만약에 그렇다면, 우리의 성과는 우리의 쓸쓸한 자화상이기도 하다. 우리는 서로의 얼굴과 표정이 마스크로 가려진 것이, 서로의 몸이 외따로 있는 채로 소통하는 것이 그리 괴롭지 않은 모양이다. 그도 그럴 것이, 평소에도 우리는 놀랄 만큼 무표정하고, 몸에 대해서는 접촉은 말할 것도 없고 언급조차 사실상 금기가 아닌가!

한병철이 벼락 맞은 대추나무로 만든 도장을 언급하는 대목에서 나는 이상하게 반갑고 흡족하여 잠시 번역을 멈췄다. 내가 '충심의 사물'이라고 꽤 억지스럽게 번역한 것은, 쉬운 말로 '정든 물건'이다. 한병철은 정든 물건들이 사라져가는 현실을 안타까워하고 있다. 그를 정情의 철학자라고 불러도 될까? 아니, 더 참신한 표현을 물색해야겠다. 그를 숱한 꼰대 중 하나로 만들고 싶지 않아서다.

결코 어려운 책이 아니다. 그러나 얕잡아 볼 책은 더더욱 아니다. 하이데거의 현존재 분석과 기술 비판에 대한 명쾌한 설명만으로도 이 책은 철학적 가치로 차고 넘친다. 거기에 페터 한트케와 한병철 본인의 뛰어난 문학적 문장까지. 이 멋진 책을 모든 철학자와 모든 시인께, 그리고 철학자나 시인이 아닌 모든 분께 권한다.